우리가 지닌
신앙

우리가 지닌 신앙

초판1쇄 발행 2009년 7월 24일
개정판1쇄 발행 2012년 1월 30일

지 은 이 핀란드의 바울로 대주교
펴 낸 이 암브로시오스 대주교
펴 낸 곳 정교회출판사
출판등록 제313-2010-5호

주   소 서울특별시 마포구 아현동 424-1
전   화 02)364-7020
팩   스 02)365-2698
e-mail   editions@orthodox.or.kr

* 잘못된 책은 바꿔드립니다.

정가 7,000원
ISBN 978-89-92941-25-9 03230

ⓒ정교회출판사, 2012

* 이 책에 실린 내용은 무단복제와 무단전재를 할 수 없습니다.

우리가 지닌 신앙

핀란드의 바울로 대주교 지음

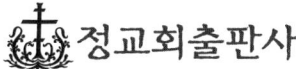
정교회출판사

■ 차례 --

_서언　　8

제1장 신앙

　　교회　　15
　　교의의 근원　　18
　　구원　　22
　　신앙과 선행　　26
　　영적 지도　　28
　　성인들과의 친교　　30

제2장 성체성혈 성사

하느님 예배   35
구원의 성사   39
세례 축제로서의 성찬예배(리뚜르기아)   42
세례 받은 자들의 부활 축일   44
성찬예배를 통하여 교회로   46
영성체   48
단죄가 아닌 생명으로   51
성찬예배(리뚜르기아) : 공동 예배   53
성체성혈 성사 : 감사의 희생제사   58
그리스도 안에서의 합일과 일치   63
거룩한 것은 거룩한 이들에게   65
믿음과 사랑으로 가까이 올지어다   69
그분이 오실 때까지   74
미리 축성된 성찬예배   76

■차례 ──────────────── 우리가 지닌 신앙

제3장 기도

우리의 사명　81

하느님의 형상인 인간　83

우리의 내밀한 자아　85

주여, 불쌍히 여기소서　88

목표를 향하여　91

기도의 규칙　94

한쪽에 모셔 둔 성상 앞에서　97

하느님의 현존을 감지하는 일　102

올바른 영과 미혹의 영　105

우리는 기쁨에 넘칠 것이다.　108

예수기도　111

기도의 실천　115

명심할 점들　119

_결론　123

서언

이 책 『우리가 지닌 신앙』의 목적은 정교(正敎, Orthodoxy)를 설명하되, 밖에 있는 사람들을 대상으로 안으로부터 가장 근본적인 해답을 제시하는 데 있다. 그와 동시에 정교회 신자들을 대상으로 하여 현재 중시되는 문제들, 특히 우리가 실천하고 있지만 보다 깊이 있는 신앙 해석이 필요한 일들에 관해서도 이야기하게 될 것이다. 이런 점에서 이 책자를 '주교사목서한'이라고 불러도 무방할 것이다.

그리스도께서는 당신의 가르침을 서면으로 남겨놓지 않으셨으며 사도들 역시 애당초부터 신경(信經) 작성에 착수한 것은 아니었다. 오히려 그들은 성령강림으로 힘을 얻자마자 바로 그리스도를, 그분의 죽으심과 부활을 증거하기 시작했다. 그리고 사도들의 증언을 믿는 이들은 세례를 받고 성령으로 충만되었다.(사도행전 1,8 2,38-41)

사도들의 증언으로 새로운 공동체들과 회중들이 곳곳에서 생겨났고, 교회가 출범하게 되었다. 신약성서에 보면 교회는 '에끌레시아'(Ecclesia)로 불리우고 있는데 이는 원래 "사람들의 모임"을 의미하는 그리스어이다. 그런가 하면 영어의 '처치(Church)'는 "주님께 속함"을 뜻한다. 따라서 원래 교회가 갖는 특징은 그 명칭이 뜻하는 바대로 주님의 백성으로서 한자리에 모이는 것이다.

초대 그리스도인들이 만나는 자리면 그곳이 어디든 간에 그곳은 하나님 백성의 집회, 즉 교회가 되었다. 그리스도인들은 이렇게 함께 모여서 그들이 믿는 그리스도를 대면하였다. 그리고 순수한 마음으로 "기쁘게" 빵을 나누어 먹는 성체성혈 성사를 통하여 이 만남을 특별한 방법으로 체험하였다.(사도행전 2,42, 46) 이처럼, 성체성혈 성사는 기쁜 감사의식 바로 이것이 '유카리스티아' 라는 그리스어의 의미이다 이었으며 항상 그 지역 주교의 주례 하에 경축되곤 했다.

우리 시대에 와서도 그리스도교 신앙은 결코 어떤 철학이나 이데올로기로 변모되지 않았다. 그것은 그리스도와의 만남이다. 그리고 바로 이상의 세 가지, 신앙과 집회와 기쁨에 찬 감사의식이 만남을 이끌어가고 있다. 이 세 가지가 하나님께서 제정하신 하나의 골격을 형성하고, 그리스도의 새 생명은 이 골격을 통하여 세상에 흘러들어가고 있는 것이다.

이 새 생명은 하느님의 행위들과 신앙으로 받아들이는 신적 계시에 그 토대를 두고 있다. 성서에 나타난 신앙 개념들이 모여 정교회 그리스도교 신앙의 출발점을 이룬다. 이 책 제 1장을 '신앙'이란 제목으로 시작한 이유도 여기에 있다. 집회와 감사의식, 즉 교회와 영성체는 서로 밀접하게 연결되어 있다. 교회는 성체성혈 성사적 공동체가 될 때 비로소 완성되기 때문이다. 그러기에 제 2장은 '성체성혈 성사'로 이름 지어 놓았다.

교회 안에서 성체성혈 성사를 통해 얻는 공동체의 체험이 중요한 만큼, 우리는 각 그리스도인들이 영적 생활을 유지함에 있어 담당하는 역할을 염두에 두지 않으면 안 된다. 그래서 이 책 제 3장은 '기도'라는 제목과 함께 이 문제를 다루게 된다. 하지만 사실 각 장이 관심을 갖는 것은 모두가 그리스도인의 전체적인 삶, 그것 하나이다.

제 아무리 훌륭한 삶의 묘사도 체험 그 자체를 반영하는 것에 불과한 만큼 정교(Orthodoxy)에 관해 알고자 하는 사람에게 해 줄 수 있는 최대한의 충고는 역시 필립보가 나타나엘에게 했던 "와서 보라"(요한 1,46)는 말이다. 말을 통한 표현이 부적절하다는 사실을 익히 아는 우리는 다른 무엇보다도 진리의 성령께 '우리 마음의 눈을 비추시어 우리로 하여금 그분이 부여하신 희망이 무엇이며 그분의 영화로운 유산이 성인(聖人)들 안에서 어떤 부(富)로 나타나고 있고, 믿음을 가진 우리 안에서 그분의 권능이 얼마나 한량없는 위력을 발휘하고 있는지를 알게 해주도록' 기도해야 할 것이다.(에페소 1,17-19 참조)

제1장
신앙

"여러분의 마음속에 그리스도를 주님으로 우러러 모시고
여러분이 간직하고 있는 희망에 대해서 설명을 듣고 싶어 하는
사람들에게는 언제라도 답변할 수 있도록 준비해 두십시오."
(Ⅰ베드로 3,15)

교회 (Church)

정교회는 스스로를 간단히 "교회"라고 부르고 있다. 이는 과거에 그리스인들이 정교회 신자들을 가리켜 "그리스도인들"이라는 말을 사용했던 것이나 같다. 이것은 동방정교회가 원래 오순절에 예루살렘에서 성령의 상림을 받고 탄생한 바로 그 회중 또는 에끌레시아라는 사실에서 유래된 자연스러운 결과이다. 바로 이 회중은 이미 신약성서에 언급된 수많은 장소에서 역사가 흐르는 동안 내내 같은 모습으로 존속해 왔다. 정교회는 그저 사도시대 교회의 직계일 따름이다.

그렇다면 오늘의 정교회는 우리가 신약성서와 사도적 교부들의 저서들을 읽으면서 얻게 되는 사도시대의 회중 모습에 부합되고 있는가 하고 묻는다면 부합되고 있다고 답할 수 있다. 이것은 마치 어른이 아이 때의 자기 모습을 닮고 있듯이 닮아 있다. 교회가 발전하기는 했지만 본질과 정신면에서는 20세기와 초창기는 다를 바 없는 것이다.

때가 "다 되어"(마르코 1,15) 그리스도께서 오신 것은 하나의 약속된 사건이었다. 실제로 우리의 달력은 여기에서부터 시작하고 있다. "아버지의 약속"(사도행전 1,4)대로 이루어진 성령의 강림 역시 정해진 유일무이한 역사적 사건이었다. 교회가 볼 때 그것은 "위에서 오는 능력"(루가 24,49)이요 "진리의 성령"(요한 16,13)을 의미했다. 우리가 이것의 힘과 관련해서 믿는 바로는 성령의 은총이 비록 후대의 교회들과 공동체들 안에서도 그들의 신앙에 따라 활동을 벌이고 계신다 하더라도 성령의 역사적 강림 때 교회에 부여되었던 그 풍부한 은총이 다시는 재현되지 않으리라는 것이다. 성령 강림 축일에 바치는 한 찬미가에서 교회는 이렇게 노래하고 있다.

"그리스도 우리 하느님이시여,
어부들에게 성령을 내리사 지혜있게 하시어
그들로 온 세상을 그물로 낚듯이 얻으셨나니
자애로우신 이여, 주께 영화로다."

그리스도께서는 "진리의 성령이 오시면 너희를 이끌어 진리를 온전히 깨닫게 하여 주실 것이다"(요한 16,13)고 약속하셨다. 이 약속이 실현되고 나서 실제로 사도는 "살아계신 하느님의 교회"를 "진리의 기둥이며 터전"이라고 명명한 바 있다.(I디모테오 3,15)

성령 강림으로 "진리를 온전히 깨닫게 하여" 주시겠다던 약속된 선물이 교회에 부여되었지만 인간의 한정된 개념들을 사용하여 그것을 정의하기까지에는 교부시대 전체를 포함하여 여러 세기가 걸렸다. 그리고 비록 교우들이 학식 있는 사람들이고 심원한 사상가들이며 깨끗한 삶을 영위한 이들이지만 그것만으로는 교부들의 시대로부터 내려오는 진리의 절대적 성격이 충분히 보장되지는 못한다. 그러기에 우리에게는 그 진리로 교회를 이끌어주고 보호해 주기 위해서 교회에 강림하신 성령의 능력이 필요한 것이다. 교회가 출발 때부터 의식해 온 신앙의 명문화는 오랜 세월을 두고 진척되어 왔다. 마찬가지로 전체적인 교회생활 역시 형식은 서로 다르나 정신은 동일한 그리스도 교회의 다양한 부분들을 통하여 그 표현이 갈수록 풍성해져 왔다. 그러니까 2천년을 두고 교회에 작용해온 성령의 역사(役事)를 무시하면서 사도적 회중을 창출하려는 시도는 교회의 관점에서 볼 때 어느 것이나 피상적인 것으로 보이게 된다.

그리스도께서 신성과 인성을 모두 갖추셨던 것처럼 교회도 그렇다. 인간적 측면에서 교회는 오류와 실패와 나약함에 빠질 수 있으나 그래도 "내가 내 교회를 세울 터인 즉 죽음의 힘도 감히 그것을 누르지 못할 것이다"(마태오 16,18)라고 하신 약속에서 위안을 받는다. 이 말은 시대의 폭풍이 교회의 인간적 본질을 파괴할 수는 있을지라도 교회를 파괴하지는 못하리라는 뜻이다. 교회는 하느님의 세상 통치 제3기가 시작 될 때까지, 파루시아(Parousia) 또는 그리스도의 재림이 이루어질 때까지 견디어 낼 것이다. 그때까지는 최초의 그리스도교 성령강림 축일에 설립된 교회는 진리의 수호자로 존속하면서 사도적 사제직의 특성들과 성체성혈 성사 및 다른 성사들과 교회의 공동의 체험과 교회의 전통들을 보전해 나갈 것이다.

교의의 근원

정교회 교리서에 정의된 교의의 근원은 교회가 전하고 있는 성경과 성전(聖傳)이다.

이것을 이 책 제1장의 주제로 다루기에 앞서 먼저 '교회'를 다루었던 이유가 무엇이겠는가? 그 이유는 맨 처음 생긴 것이 교회이고 신약성서인 복음서들과 서간들은 그 후에 가서 서서히 나오게 되었기 때문이다. 뿐만 아니라 우리가 그 당시의 책들 또는 필사본들이 지극히 희귀했다는 사실과 참된 저서들 이외에 사도들의 이름으로 쓰여진 여타의 복음서들과 문헌들이 있었다는 사실을 감안할 때 교회의 살아있는 성전이 참된 그리스도교 신앙을 안전하게 지키는 데 얼마나 중요한가를 쉽게 이해할 수 있게 된다. 성전이 더 없이 중요하다는 사실은 교회가 5세기까지도 회람되고 있는 책들 가운데 어느 것을 진실로 하느님의 계시를 받은 것으로 간주해야 할지 최종적으로 결론을 내리지 못했다는 데서 단적으로 입증된다. 그러니까 성경의 구성을 결정한 것은 교회 자체였던 것이다.

정교회 신자들은 성서 해석에 있어 교회를 주목하게 되며 교회는 성서의 내용들을 어떻게 보아야 할지를 규정하고 있다. 그것은 단순히 교회의 권위 문제만은 아니다. 오로지 마음이 깨끗한 사람들만이 "그들은 하느님을 뵙게 될 것이다"는 약속을 부여받았다.(마태오 5,8) 바꾸어 말해서 하느님의 말씀에 담겨 있는 진리들은 사람의 마음이 깨끗이 씻겨졌을 때라야 올바른 빛으로 그에게 나타나게 된다는 것이다. 인간 개인은 그가 누구든 간에 완벽한 마음의 순결에 도달하여 하느님의 말씀을 하자 없이 온전히 해석할 수는 없는 법이다. 하지만 이 같은 선물이 교회 안에서 역사하시는 진리의 성령을 통하여 전체 교회에 부여되었다. 실질적으로 이 말은 성스러운 삶으로 사람들에게 알려진 교회 교부들 전부 또는 대다수가 성서의 어떤 점을 서로 동일하게 설명하게 되었을 때 그것이 교회의 지체들에게 진리로 굳어지게 되었다는 뜻이다. 이러한 기준이 없을 경우 성경에 대한 권위가 성경 해석을 위해 노력하는 각 개인들의 주관적인 견해에 일임되어 버릴 수가 있다. 우리의 믿음은 성서가 생명력 있는 성서 해석자로서의 성전이 없이 홀로 존재할 때 결코 진리의 근원으로서는 충분한 것이 못 된다는 것이다.

사도행전 15장을 보면 사도들이 가진 모임에 관한 이야기가 나오는데, 그들은 자기네 결정을 발표하면서 "…성령과 우리의 결정입니다"라고 말한다. 그 후 첫 세기 동안 사도들의 후계자인 교회의 모든 주교들도 비슷한 모임을 때때로 개최하였다. 그리고 이런 모임에서 신앙의 선조들을 명문화하고 그 당시 교회생활에서

야기되는 문제들에 대해 결정을 내리곤 했다. 교회는 이 같은 교회법적 공의회 중에서 일곱 공의회만을 교회적 또는 세계적인 것으로 인정하였으며, 거기에서 나온 결정들은 전체 교회에 구속력을 갖게 되었다. 이러한 최초의 공의회는 325년 니케아에서 개최되었고, 일곱 번째는 787년에 콘스탄티노플에서 열렸다.

세계적인 것으로 인준된 이런 공의회들 이외에도 온 교회에 중요한 영향을 준 지역 공의회들이 첫 세기와 둘째 세기 동안 여러 차례 개최되었었다. 예를 들어 351년에 콘스탄티노플에서 열린 교회 공의회는 신비적 묵상 또는 부단한 마음의 기도 실천(Hesychams or unceasing Prayer of the heart)을 인정함과 아울러 창조되지 아니한 성령의 빛에 관한 성 그리고리오스 팔라마스의 가르침을 확인하였다.

1960년대 이후로 지역 정교회들은 오늘의 교회가 당면한 새로운 문제들의 해답을 찾을 목적으로 공동공의회, 다시 말해서 '크고 거룩한 시노드' 개최를 준비해 왔다.

역사적으로 볼 때 전 교회적(全 敎會的) 공의회들은 교회의 진리와 일치가 위협에 직면하게 되면 어느 때고 소집되곤 했었다. 그런 위협들 가운데서 한 가지 예를 들면 그리스도의 본성에 관한 그리스도론 이단들이 있었다. 우리 시대에 와서 공동의 해결을 기다리고 있는 첨예한 문제는 소위 이산(離散, Diaspora) 문제로서, 이는 세계에서 정교회의 근거를 약화시키고 있다. 말하자면 금세기들어 교회는 자기가 지닌 역사의 겉옷이 너무 작아져 버린 셈이 되었다. 그러니까 교회는 새 대륙들로 전파되어 갔으며 이제 더 이상 '동방교회'로서 머무르지 않고 '서방교회'도 되어 있는 것이다. 상황이 이런지라 발흥한 새 지역들의 교회들을 인정해 주어 그들로 하여금 정교회의 공동 관심사들에 온전히 동참할 수 있도록 해줄 필요가 생겼다. 정교회는 로마 가톨릭 교회와는 달리 통솔 본부가 없다. 그래서 독립이 인준된 지역 교회들은 교회의 공동적인 업무들에 독자적인 발언권을 갖게 된다. 역사적 이유 때문에 콘스탄티노플의 총대주교가 동료 총대주교들 중에서 영예로서 대표의 지위에 있지만 그래도 독립적인 또는 자주적인 교회들에게 권한을 행사하지는 못한다.

정교회에서는 교의와 생활이 동일한 사실의 두 단면으로 강조되고 있다. 미래에 개최될 교회의 보편적 공의회들은 "교부들이 결정한" 것들을 뛰어넘어 새로운 교의들을 다루지는 않을 테지만 기존의 교회 원칙들을 변화하는 주변 환경에 적응시키는 작업은 수행하게 될 것이다. 이러한 작업은 정교회 대표들 간의 사랑과 평화의 일치를 전제조건으로 하게 된다. 그래야 모든 교회의 모든 주교들이 참여하는 세계 공의회에서 "성령과 우리의 결정"이라는 사도적 낙관을 받을 수 있는 만장일치의 결정들이 나올 것이기 때문이다.

구원

무수히 이야기되고 있으면서 또한 갖가지로 다르게 해석될 수 있는 구원이란 과연 무엇인가?

우선 사도의 말씀부터 들어보자. "모든 사람이 죄를 지었기 때문에 하느님이 주셨던 본래의 영광스러운 모습을 잃어 버렸습니다."(로마 3,23) 하느님 뜻에 대한 거역에 해당되는 죄는 인간을 하느님과 그분의 영광으로부터 떼어놓고 그로 인한 징벌을 낳게 된다.

그러나 하느님께서는 타락한 인간을 받아들여 주고 계신다. 이유는 당신이 "금이나 은 따위가 아니라 그리스도의 귀한 피로" 대신 죄 값을 치르셨기 때문이다.(1베드로 1,18-19)

그렇지만 받아들이심과 구속(救贖)이 온 인류에게 일반사면을 가져다 준 것은 아니다. 오히려 각 사람이 개별적으로 자기를 구하고 자기 죄를 사함 받도록 기회가 제공된 것이다. 이 같은 사실은 인간에게 부여된 자유의지라는 선물과도 합치되는 것이다.

인간의 자유의지가 구원에서 갖는 역할은 해골산에서 그리스도와 함께 십자가에 못 박혔던 두 죄수가 서로 다른 운명을 맞는 데서 드러나고 있다. 복음서에 따르면 그들 중 한 사람은 "예수를 모욕하였다." 그러나 다른 한 사람은 자기 죄를 뉘우치고 " 예수님, 예수님께서 왕이 되어 오실 때에 저를 꼭 기억하여 주십시오"라고 기도하였다. 그러나 예수께서는 답변을 통해 이렇게 약속하셨다. 오늘 "네가 정녕 나와 함께 낙원에 들어가게 될 것이다."(루가 24,39-43) 결국 그리스도의 죽으심이 회개하는 죄수에게 용서를 가져다주고 받아들여지게 만들었던 것이다.

십자가에 달린 두 죄수의 서로 다른 운명과 회개가 인간의 구원에서 차지하는 결정적인 역할을 나타내 보여주고 있는 것이 카렐리아식(Karelia)으로 알려진 십자가 모습이다. 한쪽은 위쪽으로 기울어져서 낙원을 가리키고 있고 다른 한쪽은 아래로 기울어져서 멸망을 가리키고 있다.

성 대 금요일 전례에서 그리스도의 수난 복음을 봉독하는 중간에 특별한 신심으로 귀를 기울여야 할 찬미가가 영창된다.

> "현명한 도둑이여, 그대는 단 한 순간에 낙원을 얻을 수 있었도다. 오 주님이시여, 주의 십자가 나무를 통해 나도 깨우쳐 주시고 구원하소서."

죄수는 십자가에 달려 있던 마지막 순간에 회개를 하였고, 그의 회개 다음에 미해결로 남아있었던 것은 그리스도의 구속적 죽음으로 완성되게 되었다. 그러나 현세에서 계속 살아가는 사람들의 경우에는 회개하고 나면 반드시 자기의 길을 수정해야 한다. 베드로의 첫 번째 설교가 있고나서 청중들이 그에게 "그러면 우리는 어떻게 하면 좋겠습니까?" 하고 물었다. 그러자 성 베드로는 "회개하시오" 하고 답변한 다음에 이렇게 덧붙였다. "그리고 여러분은 한 사람도 빠짐없이 예수 그리스도의 이름으로 세례를 받고 여러분의 죄를 용서받으십시오. 그리하면 성령을 선물로 받게 될 것입니다."(사도행전 2,37)

이 일은 언제나 일어나고 있다. 사람은 성세(聖洗)를 통해 "말과 성령"으로 다시 태어난다. 그러고 나면 그는 "새 생명"의 길을 걸어서(로마 6,4) "모든 행위에 거룩한 사람이 되는" 목표를 향해 매진하게 된다.(I베드로 1,15)

죄가 인간의 본성을 부패 시켰지만 그래도 인간 안에는 비록 죄로 인해 흐려지기는 했을망정 여전히 하느님의 형상이 남아있다. 사람이 되신 그리스도는 "당신의 것을 다 내어놓고 종의 신분을 취하셔서 우리와 똑같은 인간이 되셨다."(필립비 2,5-8) 그분이 우리와 같은 인간이 되심으로써 거꾸로 우리를 "하느님의 본성을 나누어 받은 자"로 만드셨다.(II베드로 1,4) 그분이 우리의 구세주가 되신 까닭은 "그 몸에 채찍을 맞음으로 우리를 성하게 해 주었기"(이사야 53,5) 때문만이 아니고 "당신이 가지신 하느님의 능력으로 우리에게 경건한 생활을 하는 데 필요한 모든 것을 주셨기"(II베드로 1,3) 때문이기도 하였다. 바꾸어 말해서 그리스도는 비단 우리의 죄를 사해주셨을 뿐 아니라 우리에게 당신의 하느님의 능력을 부여해서 우리로 하여금 그 점을 이용하여 발전시킴으로써 "우리

주 예수 그리스도를 알려고 할 것이며 마침내는 그를 잘 알게 되도록"(II베드로 1,8) 해 주셨다.

성탄 축일 전에 집전되는 예식에서 불리는 찬미가들 중에는 "그리스도께서 태어나시어 그 옛날 잃은 모습을 되살려 주시며"라는, 사람 안에 희미해진 하느님의 모습을 원래대로 밝게 만들어 주시리라는 가사가 자주 등장한다.

이처럼 우리의 구원은 우리가 세례를 통해 우리 죄를 사함 받을 때 시작되며 이 죄사함은 그 이후에도 참회 또는 눈물로 씻음의 성사인 고백을 통해 수 없이 재현되게 된다. 현세 생활의 목표는 마음을 깨끗이 씻어내어 성령 안에서 "하느님을 뵙도록"(마태오 5,8) 노력하는 것이다.

은수자 테오판 주교의 공식화한 말씀에 따르면 "우리는 성부의 선의와 성자의 공로와 성령의 은총 덕분에" 구원받게 된다. 정교회 예배에서 독특한 점은 거의 모든 기도가 성삼위이신 성부와 성자와 성령께 찬미를 드리는 것으로 끝나는 점이다.

신앙과 선행

교회의 영성 안에는 "신앙과 선행" 사이에는 아무런 문제도 없다. 신앙과 선행의 관계가 문제가 되는 것은 선행을 하느님과 인간 사이의 외적이며 합법적인 절차로 정당화하려고 할 때뿐이나 그런 경우 선행이 영혼과 하느님의 사이에 개입하게 되지 않을까 두려워하거나 정 반대로 행위가 하느님의 공로로 보이게 된다고 생각하거나 한다. 정교회의 관점에서 볼 때 행위는 그 자체가 행위자에게 목적이 되지 않으며 다만 인간의 부패된 본성을 "새 조물"(II고린토 5,17참조)로 변형시키는 구원의 도구에 가깝다. 그러므로 그리스도 복음 속의 계명들은 법이 아니라 은총이요 자비인 것이다. 그것들은 우리가 없으면 완쾌될 수 없는 약이나 같다. 복음에서 권면하고 있는 덕을 생각해보자 예를 들면 겸손이 있다. 만일 우리가 실제 속에서 진실로 스스로를 낮추지 않는다면 어떻게 겸손을 키워갈 수 있겠는가? 시편 119장에서 따온 다음의 기도는 교회 전례에서 자주 사용되고 있다. "주여, 찬송을 받으실 분이여, 당신의 법규들을 가르쳐 주소서."

인간은 자신의 부패한 본성 때문에 그리스도에 대한 감사와 사랑을 그분이 내리신 계명들을 삶 속에서 실천하도록 노력하는 방법을 통해서만이 보일 수 있는데, 이 계명들은 인간이 구원되는 쪽으로 작용을 하게 된다. "너희가 나를 사랑하면 내 계명을 지키게 될 것이다."(요한 14,15) 복음에 담겨있는 그리스도의 계명들, 즉 기도, 금식, 이웃에 대한 봉사, 겸손, 다른 이들을 단죄하는 일을 삼가함 등의 영성이란 나무 잎사귀들도 볼 수 있다. 그리고 성령의 은총의 선물들, 즉 사랑, 기쁨, 평화, 인내, 친절, 선행, 진실, 온유, 절제 등은 나무의 열매들에 해당한다.(갈라디아 5,22) 이것들은 곧 깨끗한 마음의 표지들이다. 영적 순례의 지혜와 어려움은 잎사귀를 열매로 간주해서는 안 되거니와 잎사귀 없이 열매를 맺을 수 있다고 생각해서도 안 된다는 사실에 있다. 그러니까 사람은 노력 없이 성령의 선물들을 얻을 수 없는 것이다.

영적 지도

그리스도인의 영적 투쟁은 쉬웠던 적이 결코 없었다. 우리가 대항하여 싸워야 할 원수들은 인간이 아니라 권세와 세력의 악신들과 암흑세계의 지배자들과 하늘의 악령들입니다.(에페소 6,12)

그렇지만 그는 교회생활에 참여함으로써 얻게 되는 결정적인 지원에 덧붙여서 "거대한 구름 같은 증인들" 이미 동일한 투쟁들을 거침으로써 자기네 발자취를 따르는 사람들에게 어떻게 충고하고 격려해야 할지를 알게 된 사람들이 존재한다는 사실을 앎으로써 위안을 얻게 된다. 무수한 수덕가(修德家)들의 영적 체험은 교부들의 저술들 속에 결정체로 담겨 있다. 우리는 우리 시대의 경우처럼 영적 생활에 필요한 지침들과 생활 표본들을 찾아내기가 힘들어질 때면 그들의 영적 지혜를 끌어낼 수 있는 것이다.

나이든 수도자의 독방에서든, 서적들을 통하든 간에 교부들의 가르침을 겸허한 마음으로 누릴 수 있다는 점은 정교회의 신앙생활의 근간이 된다. 교부들은 말하고 있다. "복종을 배운 사람은 십자가에 달리신 분의 현존과 통하고 몸으로 그 속에 진입하게 될

것이다." 그 이유는 십자가에 달리신 주께서도 친히 "죽기까지 순종하셨기" 때문이다.(필립비 2,8)

성인들과의 친교

그리스도인들은 서로의 영적 생활을 돕는 과정에서 중보기도에 의존하기도 한다. 그들은 서로에게 기도를 부탁하며 "올바른 사람의 간구가 큰 효과를 나타낸다"(야고보 5,16)고 믿고 있다. 그러나 삶은 죽음 이후에도 계속된다. 따라서 경건한 그리스도인의 기도가 이 세상에서 잠시 사는 동안에는 하느님께 가 닿지만 그가 "이 세상을 떠나서 그리스도와 함께 살게 된" 연후에는 그렇지 못하다고 생각되는 것은 이상할 것이다.(필립비 1,23) 그래도 순교자들의 묘비명들을 보면 그리스도교 초창기부터 사람들은 하느님 나라로 떠나간 이들에게 뒤에 남은 이들을 위해 기도해 주도록 부탁해 왔음을 알 수 있다.

그리스도인이 자신의 영혼을 더 깊이 알고 또 성령의 은총으로 더 밝게 조명 받으면 그만큼 자신의 죄를 더 깊이 통감하고 아울러 그에 반해서 하느님의 자비와 사랑 어린 근심을 더 절실히 깨닫게 된다. 그리하여 죄에 얽매인 모든 인간 영혼들에 대한 연민 어린 사랑이 내심에서 자라나며 그들을 위해 바치는 기도가 삶 속에서 보다 큰 비중을 차지하게 된다. 사람이 시간의 세계에서 여정을 보낼 때 이럴진대, 일단 영광의 나라에 들어갈 경우 훨씬 더 많은 이유로 기도를 계속하게 되어야 마땅하다. 성 요한이 본 영상에 따르면 그 곳에서는 "천사의 손으로부터 향의 연기가 성도들의 기도와 함께 하느님 앞으로 올라가게"(묵시록 8,4) 된다.

교회의 눈에 보이는 지상 쪽과 눈에 보이지 않는 천상 쪽 사이에는 기도의 친교가 끊임없이 이어지고 있으며, 실제로 연중 하루하루가 이름이 알려진 몇몇 성인들의 기념일로 봉헌되고 있다. 그분들에게 바치는 찬미가에는 그분들의 투쟁의 이야기가 담겨 있으며 그분들에게 중보를 요구하는 부탁도 병행되게 된다. 이로써 우리는 "하느님의 말씀을 여러분에게 일러 준 지도자들을 기억하십시오. 그들이 어떻게 살다가 죽었는지를 살펴보고 그들의 믿음을 본받으십시오"(히브리 13,7)라고 한 사도의 권고에 따르고 있는 것이다.

교회는 성인들의 영적 투쟁과 승리를 찬양함으로써 실상은 하느님의 구원사와 성령의 역사(役事)를 찬양하고 있다. 교회는 성인들 안에서 이미 실현된 구원을, 투사인 교회의 지체들이 지금도 급히 진격해 가고 있는 목표를 체험하고 있는 것이다.(필립비 3,12. 14)

성인들 중에 첫째요 언제나 찬미를 바쳐야 할 분은 총애 받으신 분, 평생 동정이신 하느님의 모친 마리아이시다.(루가 1,28. 48) 그분 안에서, 세례자 요한 안에서, 사도 요한 안에서, 독신생활을 보낸 모든 분들 안에서, 그리고 그분들을 따르는 무수한 제자들 안에서 동정성(virginity)이 타락되기 이전에 본래 지녔던 영예를 되찾게 되었다.(창세기 2,25) 따라서 이 같은 생활의 길로 부르심 받은 이들이 택할 수 있는 그리스도의 길 하나가 수도생활이라 하겠다.

성인들의 공경과 기도를 통한 그들과의 친교는 교회의 산 체험이다. 이 체험이 부족한 이들로서는 성인들의 친교를 기도의 친교로 이해하기 힘들다. 그러므로 그들이 정교회를 마리아와 성상들의 숭배자들로 주장하지 않는 것은 그저 선한 의지 때문이라고 밖에 볼 수 없다. 다시 말해서 그들은 선한 의지 때문에 자기 이웃들에게 그릇된 증언을 삼가고 있을 따름인 것이다. 교회는 성삼위이신 성부와 성자와 성령 이외에 그 누구도 흠숭하지 않았고 지금도 마찬가지이다. 성인들은 하느님의 은총을 인간에게 전달하는 도구인 다른 모든 성물(聖物)들과 마찬가지로 공경을 받을 뿐 숭배되고 있는 것은 아니다.

제2장
성체성혈 성사

"경건되이 주께 예배드리고 두려워 떨며 그 발아래 꿇어 엎드려라."
(시편 2,11)

하느님께 드리는 예배

 앞 장에서 우리는 교의상의 주제들을 논하되 교의를 총체적으로 다루지 않고 다만 정교회 신자들에 의해서 꽃피워 왔으며 따라서 정교회 신자들에게는 자연스럽고 명백해 보이지만, 개신교 풍토에서는 특이하게 여겨질 수도 있는 초대 교회의 몇 가지 특징적인 면모들을 살펴보았다. 그러면 이제부터는 교회가 실제 면에서 우리에게 의미하는 바가 무엇이며 우리가 교회생활에 어떻게 참여해야 하는가를 살펴보기로 하겠다.

 교회의 지체인 개인이 교회의 기도에 언급 되게 되면 "하느님의 종 아무개"라고 불리우게 된다. 하느님 예배, 하느님 뜻의 실현은 광의적인 의미에서는 한 인간의 삶 전체가 되지만 협의적인 의미로는 기도생활이 되며, 이 기도생활은 자기 방에서도 할 수 있고 공동 예배를 통해서도 할 수 있다. 사람은 자신의 전 존재로 하느님의 예배에 참여하게 되며, 그래야 사도가 그에게 바라는 바가 실현되게 된다. "평화의 하느님께서 여러분을 온전히 거룩한 사람으로 만들어 주시길 빕니다. 또 여러분의 심령과 영혼과 육체를 우리 주 예수 그리스도께서 다시 오시는 날까지 완전하고 흠 없게 지켜 주시기를 빕니다."(I데살로니카 5,23)

개인 기도의 실천은 이 책 제 3장에서 주제로 다루게 된다. 이 장의 목적은 집회에서 특히 성체성혈 성사와 관련하여 하느님을 어떻게 예배하느냐 하는 점을 기록하는 데 있다.

우리가 정교회 성당에 발을 들여놓으면 사람들이 서 있고 특수한 사정 때문에 서 있을 수 없는 사람들을 위해 몇 개의 의자가 놓여 있음을 보게 된다. 성당에서 선 자세는 기도에 가장 자연스러운 자세가 된다. 이것은 하느님께 경외심을 보이는 방법, 즉 상징적인 방법이 되기도 한다. 인간의 생활은 비록 종교적인 영역에서뿐 아니라 다른 모든 곳에서도 일치된 행동을 보이는 형식으로서의 상징들이 무수히 존재한다.

사람들이 긋는 십자성호는 그리스도교 상징들 가운데 가장 오래된 것의 하나이다. 정교회 예배 때 사람들은 특정한 예식의 순간순간 마다 십자성호를 긋지만 다른 때에도 기도하는 마음가짐이 생길 때면 십자성호를 긋기도 한다. 십자성호는 무언의 신앙고백이다. 오른손 엄지와 검지 및 중지를 함께 모아 붙이는 것은 성삼위(聖三位)에 대한 우리의 믿음을 상징하며 나머지 두 손가락을 손바닥에 붙이는 것은 구세주께서 하느님이자 동시에 인간이라는 우리의 믿음을 나타내고 있다. 십자성호와 장궤(長跪) 및 부복(俯伏)은 예배자의 생각과 그 마음 속의 느낌을 표현하는 것들이다. 그러나 이 외적인 몸짓들은 그의 내심에도 영향을 미쳐 올바른 정신자세를 강화시켜 준다. 뿐만 아니라 이것들은 기도에 약한 사람으로 하여금 교회의 공동기도 정신에 보다 온전하게 몰입되도록 만들어 주기도 한다.

그밖에도 많은 상징들이 예배에서 활용되고 있다. 사제가 손이나 십자가로 축복을 주면 회중은 고개를 숙여 축복을 받게 된다. 성가에 향 연기를 곁들이는 것은 기도가 하느님의 면전으로 솟아오름을 상징한다. 예배자가 성상 앞에 촛불을 켜 놓는 것은 열렬한 기도를 표시한다.

예식에는 독서와 성가가 포함된다. 독서는 서창조(敍唱調)로 하거나 노래조로 한다. 이런 방법의 독서도 예식 집전자가 자신의 개인적인 감정이 아닌 교회의 공동기도를 표출하고 있음을 보여주며, 이로써 모든 이들은 쉽게 기도에 참여하게 된다. 기도의 공동적 성격은 매우 중요하다. 교회에서 사용하는 기도들 가운데 다수가 성서본문에서 따왔거나 아니면 초대교회 때부터 전수되고 있는 것들이다. 성가도 역시 기도이다. 찬양, 감사, 탄원, 선포 등이 노래로 이루어진다. 노래기도는 언제나 교회의 공동기도가 된다. 그러므로 가장 중요한 것은 노래 가사이며, 이는 예배자들의 마음과 생각을 동일한 기도 주제로 이끌어 주게 된다. 악기음악은 듣는 사람들이 저마다 거기에다 다른 것을 느끼기 때문에 정교회 예배에서는 사용되지 않는다. 교회 노래들은 자체의 가사와 멜로디와 더불어 예식의 고유한 일부분으로 간주된다. 그런 까닭에 전승에 토대를 둔 전례 음악이 가장 큰 가치를 갖는다. 회중의 노래는 성가대의 노래와 함께 특히 성찬예배(리뚜르기아)의 기본이 된다.

예식이 진행되는 동안 회중은 주교나 사제의 주례 하에서 이미 제정된 예식 절차에 따라 특정한 예절에 참여하게 된다. 이 예식의 형식은 초대 교회에까지 거슬러 올라가는 것들로 하루의 시간이나 교회력에 따라 다양하다. 저녁에는 만과(Vespers)가 있는데 교회의 일과는 이 기도로 시작되며, 취침 전에는 석후소과(Compline)가 있고 또 심야과(Midnight office)가 있으며 아침에는 조과(Matins)가 있고 하루 내내 시과가 있다. 가장 핵심적인 예배는 거룩한 성체성혈 성사가 집전되는 예배이다. 이 예배는 성찬예배 또는 감사의 성사라 부른다.

정교회 신도가 아닌 사람도 정교회 예배에 참석할 수가 있다. 방문객도 다른 사람들과 다름없이 성당에 들어가 서 있으면 된다. 그리고 원하면 예배에도 참석하고 정교회 신도와 똑같은 상징들을 이용하여 기도드릴 수도 있다. 정교회에서는 오직 신도들만이 참여할 수 있는 단 하나의 것은 영성체이다. 그 이유는 뒤에서 성체성혈 성사를 그리스도인 개개인의 관점과 전체 교회의 관점에서 보다 면밀히 고찰해 보면 명백하게 밝혀질 것이다.

구원의 성사

서방의 초기 교회의 탁월한 교사였던 아우구스띠노는 경건한 그의 모친 모니카에 대해서 그의 『고백록』에서 이렇게 말하고 있다.

"그녀가 바라는 것은 오직 하나, 주의 제단에서 기억되는 것, 그녀는 하루도 빠짐없이 제단 시중을 들어왔나이다. 그 까닭은 우리에게 적대되는 법령을 제거하셨고 우리로 하여금 우리의 죄를 낱낱이 헤아리며 어떻게든 우리에게 부담을 안겨주려 애쓰나 우리에게 승리를 누리게 하는 주님에게서 아무런 하자도 찾아내지 못하는 적을 눌러 이기게 하시는 거룩하신 제물을 우리가 제단에서 받아모심을 그녀가 알기 때문이옵니다. …… 주의 여종은 신앙의 끈으로 자기 영혼을 우리 구원의 성사에 붙잡아 매두었던 것입니다."(9장 13항)

"신앙의 끈으로 자기 영혼을 구원의 성사에 붙들어 매두었던"

자기 모친에 대한 아우구스띠노의 이 증언을 그리스도인의 신앙에 관한 지극히 본질적인 어떤 것, 비단 4세기의 교회에서 모니카가 살던 시대뿐 아니라 오늘날에도 여전히 중요한 어떤 것을 우리에게 이야기해 주고 있다.

전체 교회의 영적 생활이나 마찬가지로 교회 지체 개개인의 영적 생활 역시 눈에 보이는 구심점은 거룩한 제단과 거기에서 집전되는 구원의 성사이다. 이 성사를 '거룩한 친교'라 부르며 이 성사가 집전되는 예배는 '신성한 성찬예배'라 부른다.

'거룩한 친교'에의 참여는 이 구원의 성사의 실질적인 측면이기는 하지만 귀로 들을 수 있고 말로 표현할 수 있는 내용은 하느님 아버지께 감사를 드리는 것(그리스어로 에프하리스띠아)이다. 말로 드리는 이 예배에서 주요한 감사 대상은 그리스도께서 인류를 위해 한 차례 바치셨던 구원의 희생이다. 이 성체성혈 성사는 또한 피흘림이 없는 감사의 희생제사라고도 불리운다.

아우구스띠노에 따르면 초창기 교회에서 그리스도인들은 단지 신앙의 끈으로 구원의 성사에 자기 영혼을 붙들어 매어 놓았다. 그러나 오늘날의 우리로서는 이 성사의 근본적인 의미가 우리에게 명확히 나타날 때까지 이 주제에 깊이 파고들도록 의도적인 노력을 할 필요가 있다. 그러면서도 우리는 이 성사에 관한 아주 철저한 지식이라도 거기에 숨겨져 있는 초이성적(超理性的) 성격을 결코 변화시킬 수 없다는 점을 바로 덧붙이지 않으면 안 된다. 그러기에 정교회에서는 '거룩한 친교'와 여타의 성사들을 '신비(미스띠리온)'라 부르고 있는 것이다. 리뚜르기아와 연결해서 '거룩한 신비들'에의 참여는 곧 성체성혈 성사에 그리고 영성체에의 참여를 의미한다.

세례 축제로서의 성찬예배(리뚜르기아)

처음 몇 세기 동안 사람들은 성인(成人)이 되어서야 교회의 지체가 되는 것이 보통이었다. 세례를 받은 사람은 곧 교회의 지체가 되는데, 그 전에는 신앙의 진리들에 대해 배웠다. 그런데 실제로 이 교리교육의 내용은 세례를 위한 준비지만 주로 거룩한 '리뚜르기아'와 연결되는 것이었다. 하지만 세례를 준비하는 이들은 이 '리뚜르기아'의 제 1부에만 참석할 수 있었다. 오늘날에도 '리뚜르기아'의 이 부분이 '예비자의 리뚜르기아'로 불리게 된 연유가 여기에 있다. 이 부분의 핵심은 성서봉독과 가르침 혹은 설교로 되어 있다. 예비자들은 '말씀'의 해설을 들은 다음에 그들을 위해 바치는 기도에 참여하였다. 이 기도에는 "저들을 알맞은 시간에 재생의 물로 씻겨질 수 있도록 만들어 주시며" "저들은 주의 거룩하고 공번되고 사도로부터 이어오는 교회에 결합될 수 있게 하여 주시도록" 청하는 탄원도 포함되어 있었다. 그런 다음에 예비자들은 주교의 축복을 받고 예배 장소를 떠났다. 이때부터 이미 세례를 받은 신도들만이 성당에 남아서 계속 예배를 드렸고, 그래서 전례의 제 2부는 지금도 '신도들의 리뚜르기아'로 불리고 있는 것이다.

리뚜르기아와 연결된 이 세례 준비는 통상적으로 사순절 6주 동안 계속되었다. 그런 다음 성 대 토요일이나 부활 축일 당일에 예비자들은 세례조(洗禮槽)나 물가로 인도되어 세례를 받았다. 그리고 그곳에서 새로 세례 받은 이들과 온 회중이 함께 성당까지 장엄한 행렬을 하였다. 성당에 와서 주교는 새로 세례 받은 이들의 머리 위에 손을 얹어 안수하거나 후대에 와서는 성령을 선물받는 표지삼아 성유를 발라주거나 했다. 새 영세자는 이렇게 교회의 지체가 됨으로써 이제 처음으로 '신도들의 리뚜르기아'에 참여하여 성체를 모실 수가 있게 되었다.

이상에서 분명한 것은 세례 준비가 단순히 그리스도교의 믿음 조목들을 이론적으로 배우는 데서 끝나지 않고 교회의 전례 생활에 점차 참여를 시작하는 가운데 그 정신 속으로 파고들어 그렇게 함으로써 실질적으로 "자기 영혼을 신앙의 끈으로 구원의 성사에 붙잡아 매는" 일이 그 중요한 부분을 이루게 된다는 것이다.

세례 받은 자들의 부활 축일

세례는 그리스도의 죽으심과 부활에의 참여이다. 사도는 이것에 대해 이렇게 기술해 놓았다. "과연 우리는 세례를 받고 죽어서 그분과 함께 묻혔습니다. 그래서 그리스도께서 아버지의 영광스러운 능력으로 죽은 자들 가운데서 다시 살아나신 것처럼 우리도 새 생명을 얻어 살아나게 된 것입니다."(로마 6,3-4)

이같은 세례 축제로서의 부활 축일은 동방교회에서는 일찍이 11세기부터 적용되지 않게 되었지만 그 가장 뚜렷한 모습들은 아직도 동방예식에 잔존하고 있다. 과거에 회중들이 새 영세자들과 더불어 촛불을 켜들고 세례 장소에서 성당까지 행진을 했다면 현재는 부활성야에 그리스도인들이 성당 주위를 행진함으로써 마치 공동의 세례 축제와 같은 분위기를 만들어 내고 있다.

그러다가 그리스도 부활의 기쁜 소식이 성당 입구에서 맨 처음으로 선포되면 우리는 어둠 속에서 빛이 충만한 성당으로 걸어 들어간다. 거기에서 조과가 시작되면서 우리는 부활절 성찬예배 전문을 노래하는 성가에 귀를 기울이게 된다. 이 전문(典文)에서는 우리의 세례가 방금 이루어진 것처럼 언급하게 된다.

> "오 그리스도여, 어제 내가 주님과 함께 묻혔더니 오늘 주의 부활로 주님과 함께 살게 되었나이다. 어제 내가 주님과 함께 십자가에 못박혔더니 주께서 당신 나라에서 내게 당신과 함께 영광을 누리게 하셨나이다."

그리고 이어 성찬예배(리뚜르기아)가 시작되면서 우리는 또다시 "그리스도로 인하여 세례 받은 자들은 그리스도를 옷 입듯이 입었도다. 알렐루야!"라는 노래로 우리의 세례를 되새긴다.

세례는 우리의 삶에서 가장 결정적인 사건이다. 그런데도 사람들은 거기에 거의 주의를 기울이지 않았다. 우리네 공동의 세례 축제인 부활 축일에의 참여는 "우리도 새 생명 안에서 걸을" 수 있음을 생생하게 일깨워주는 의식이다. 그렇다면 부활 축일에 현존하게 되는 새 생명이란 과연 무엇인가? 우리는 성체성혈 성사에 참여할 때 그것을 체험하게 된다. 그러기에 세례 받은 교회의 모든 지체들이 '거룩한 친교'에, 그리고 더더욱 특별히 부활성야 리뚜르기아에 참여하지 않으면 안 되는 것이 당연하면서 동시에 중요한 것이다.

성찬예배를 통하여 교회로

 요즈음 사람들은 유아 때 세례를 받고 교회의 지체가 된다. 영성체도 유아 때 하게 된다. 따라서 거룩한 리뚜르기아의 정신을 알고 구원의 성사에 의식적으로 참여할 수 있기까지 우선 어린이의 부모와 대부모의 역할이 절대적인 것이 된다. 어린이는 바로 그들의 신앙의 힘을 기반으로 세례를 받은 것이기 때문이다. 실제적인 교육은 가정에서 이루어지되, 어린이는 성당에 나와서 영성체를 하고 이어 주일학교에서 지속적으로 종교교육을 받게 된다.
 영성체를 유아기에 하기 때문에 정교회는 이를 위한 견진반을 운영하지 않지만 젊은이들을 위해서 그와 비슷한 교리반을 운영하고 있다. 이 교리반에서 해야 할 중요한 일의 하나는 학교에서의 경우와 마찬가지로 초대 교회가 성세 준비 때 가르쳤던 리뚜르기아에 대한 모든 것을 가르치는 일이다.
 어른이 정교회에 입교하고자 할 경우에는 초대 교회에서 했던 것처럼 교회의 전례생활에 익숙해지는 일로 준비에 임할 수 있다. 그리고 통상적으로 그렇게들 하고 있다. 그들이 교회에 나오면 우선 예식들을 익히고 거기에 참석하는 법을 배운다. 그러다가 "때가 차면", 예비자를 위한 기도에서 말하고 있듯이, 하느님의 은총이 그를 일깨워서 신도들의 성찬 공동체를 함께 나누고자 하는 열망을 갖게 하실 것이다. 이 나눔은, 그가 세례를 이미 받았을 경우에, 견진성사를 거쳐 가능해지게 된다. 이것은 초대 교회에서 했던 것처럼 교회를 회중이자 함께 모인 성찬 공동체임을 명확하게 보여주는 리뚜르기아와 결부시켜 견진 성사를 베풀지 않으면 안 된다.

초대 교회의 세례식은 유아가 교회의 지체가 되는 유아 세례가 해당 가정의 사적인 사건이 아니라 온 회중의 공동 축제라는 사실을 명확히 이해하는 데 도움을 준다. 유아가 성당에서 리뚜르기아가 집전되는 동안 세례를 받으면 우리 시대에 와서도 사람들은 세례와 이 때 부여되는 성령의 선물이 어떻게 사람을 하느님 백성의 일원으로 만드는가를 체험하게 된다. 새로 세례 받은 유아는 위에서 말한 대로 교회에 입교한 어른이나 마찬가지로 바로 그 리뚜르기아에서 구원의 성사, 모든 영적 갈증의 충족인 '거룩한 친교'에 참여할 수 있게 된다.

영성체

금세기 초에 살면서 치유와 환시의 능력을 부여받았던 사제 요한 크론스타드(John of Kronstadt)는 "거룩한 리뚜르기아야말로 진정 지상에서 이루어지는 천상의 의식이다"고 기록하였다. 그러면서 그는 매일 리뚜르기아를 접전하였다. 우리 앞에는 천상의 식사가 준비되어 있고 그리스도께서 친히 우리를 초대하고 계신다.

"받아 먹어라, 이는 내 몸이니 …… 너희는 모두 이것을 마셔라, 이것은 내 피이니……"

이 말씀은 우리에게 리뚜르기아가 집전될 때마다 항상 영성체를 하라는 당부의 말씀임에 의심할 여지가 없다. 초대 교회에서는 세례 받지 않은 자들과 중죄를 범한 까닭에 영성체를 못하도록 결정된 소위 참회자들만이 '거룩한 선물들'을 받아 모실 수 없었다. 하지만 그들은 신도들의 리뚜르기아가 시작되기 전에 자리를 떴기 때문에 그리스도의 초대 말씀을 들을 수 없었다. 그런가 하면 신도들의 리뚜르기아에 남은 사람들이 영성체에서 빠진다는 것은 결코 생각조차 할 수 없는 일이었다. 그러던 것이 그리스도인들의 사랑이 식어가면서 점차 일부 신도들만이, 어떤 때는 집전하는 성직자만이 영성체를 하는 것이 습관화되어 버렸다.

서방 교회들에서 제1차 세계대전 이후부터 시작된 현대의 전례운동은 초대 그리스도교 전례관습으로 되돌아가는 길을 모색해 왔다. 따라서 가장 유서 깊은 그리스도교 전승을 보존하고 있는 정교회의 리뚜르기아가 특별한 관심의 대상으로 부각되었다. 그와 동시에 정교회 자체에서도 자기 교회가 보전해 온 전승들을 재검토하지 않으면 안 되게 되었다. 그 결과 정교회 내부의 많은 지역들에서, 특히 서방에서 규칙적으로 영성체를 했던 초대 그리스도교 관례를 재생시키게 되었다.

핀란드 정교회 역시 1970년도 주교단 사목서한을 통해서 리뚜르기아의 본래 의미를 강조하고 있다. 이 서한은 고백성사와 성체성혈 성사가 영성체를 허락받기 위해 먼저 고백을 해야 하는 식으로 상호 연결되어 있는 것이 아니라고 설명한다. 예를 들어 불행하게도 일종의 규칙처럼 가르침으로 이용되고 있는 "최소한 1년에 한 번"이라는 말에 따르듯이 어쩌다가 영성체를 하는 사람들의 경우에는 고백이 '조건'으로 간주될 수도 있을지 모른다. 그러나 자주 영성체를 하는 사람은 필요를 느낀다든가 보편적으로 참회와 우리네 인생행로에 대한 성찰이 이루어지는 시기인 사순절에만 고백성사를 받으면 된다.

고백성사를 받는 데 대한 절대적인 규칙은 없으나, 주교단 사목

서한은 각자가 자기 고백신부와 협의하고 그의 축복을 받아 자주 영성체를 하도록 촉구하고 있다. 하지만 누구나 영성체를 하지 않는 일을 규칙이 아닌 예외로 간주하도록 노력해야 할 것이다.

아우구스띠노의 모친 모니카는 날마다 제단의 성사를 받았었다. 우리는 그렇게 할 수가 없다. 왜냐하면 수도원들을 제외하고는 날마다 리뚜르기아를 집전하는 곳이 없기 때문이다. 그러나 신약성서에 기술된 대로 실천하는 일은 우리에게도 가능하다. 당시의 그리스도인들은 매주 첫째 날에 정기적으로 만나서 "빵을 떼고" 성체성혈 성사를 집전했다. 그리고 이 날을 주님의 날이라고 불렀다. 그 이유는 그 날이 그리스도께서 부활하시는 날이었기 때문이다. 바로 이 날인 주일에 우리 역시 온 회중이 모여 리뚜르기아를 집전하고 있으며, 따라서 주님의 날에 리뚜르기아를 통해 한 가족으로 구원의 성사를 받는 데 장애 되는 것은 모두 제거해야 할 것이다.

안식일은 창조활동을 찬미하기 위해 경축되곤 했었다. 그리스도의 부활로 죽음은 정복되었으며, 따라서 창조자 본래의 영광을 되찾게 되었다. 한 주간의 첫 날인 일요일이 안식일을 대신하게 된 까닭이 여기에 있다. 하느님의 백성 그리스도인들이 이 날 부활하신 그들의 주님을 만나 뵙기 위해 모이는 것이다.

단죄가 아닌 생명으로

그리스도께서는 영성체의 중요성을 이렇게 강조하셨다. "만일 너희가 사람의 아들의 살과 피를 먹고 마시지 않으면 너희 안에 생명을 간직하지 못할 것이다. 그러나 내 살을 먹고 내 피를 마시는 사람은 영원한 생명을 누릴 것이며 내가 마지막 날에 그를 살릴 것이다."(요한 6,53. 54)

이 말을 들은 유다인들은 화를 냈다. 그러나 우리는 이 말이 무얼 뜻하는지 알고 있다. "우리 안의 생명", 신앙의 참 생명은 오직 "그리스도 안에서"만, 영성체로 실현되는 그리스도와의 진정한 친교로서만 가능한 것이다. 규칙적인 영성체는 이미 수많은 곳에서 관습화되었다. 그러나 우리는 사도의 다음과 같은 경고말씀을 항상 기억하지 않으면 안 된다. "주님의 몸이 의미하는 바를 깨닫지 못하고 먹고 마시는 사람은 그렇게 먹고 마심으로써 자기 자신을 단죄하는 것입니다."(1고린토 11,29)

영성체를 할 때마다. 매번 고해성사를 받아야 할 필요는 없다 하더라도 우리는 영성체로 부활하신 그리스도를 만날 때마다 우리 자신을 준비할 필요가 있다. 이 준비에는 금식이 포함된다. 아침에 리뚜르기아에 참여하러 가기 전에 우리는 아무것도 먹거나 마셔서는 안 된다. 정교회 기도에서는 간단한 기도 규칙이 있는데, 영성체하러 성당에 가기 전에 집에서 몇 가지 기도를 바치도록 되어 있다. 기도하는 마음은 육신에도 변형효과를 미치며, 육신이 배고픔을 느낄 때 그것은 하느님과 친교를 갖고 싶은 영적 배고픔과 기대감으로 바뀌게 된다. 이런 준비들은 겸손과 참회의 분위기를 일깨워서 이 성사에 올바로 접근할 수 있게 한다. 사도는 이 점에 관해 이렇게 말하고 있다. "각 사람은 자신을 살피고 나서 그 빵을 먹고 그 잔을 마셔야 합니다."(1고린토 11,28)

그렇지만 자신이 보잘 것 없다는 이유로 리뚜르기아에서 참석해도 주님의 초대를 거절하거나 영성체를 적게 할수록 영성체 준비를 보다 잘하고, 보다 가치 있게 할 수 있다는 생각을 하지 않도록 해야 한다. 자신이 스스로 보잘것없다는 느낌은 지극히 올바른 의식으로서, 그런 의식을 가져야만 우리는 완전히 무상으로 선물하시는 하느님의 지고한 은총에 참여할 수 있는 것이다.

사람이 시간적 여유가 있는 경우라면 성당에서 집으로 돌아간 다음에 기도서에 있는 '영성체 후의 감사기도들'을 읽는 것이 바람직하다.

성찬예배(리뚜르기아) : 공동예배

이렇게 해서 우리는 사도시대 교부들이 '영생불멸의 약'이라 불렀던 영성체가 이루어지는 예배로서의 거룩한 리뚜르기아를 고찰해왔다. 하지만 리뚜르기아는 개별 교회 지체들에게 있어 영적인 약품보다 훨씬 더 귀중한 것이다. 리뚜르기아($Λειτουργία$)라는 명칭 자체는 그리스어에서 따온 것으로 공적 예배를 뜻한다.

교회는 리뚜르기아를 통해 스스로를 실현한다. 그렇게 되어야 교회는 비로소 공동 행위와 예배를 위해 한 자리에 모이는 에끌레시아(Ecclesia)가 된다. 이렇게 함께 모이는 이유와 목적은 사도의 다음 말씀에서 끌어낼 수 있다.

"여러분도 신령한 집을 짓는 데 쓰일 산 돌이 되십시오. 그리고 거룩한 사제가 되어 하느님께서 기쁘게 받으실만한 신령한 제사를 예수 그리스도를 통하여 드리십시오.……

그러나 여러분은 선택된 민족이고 왕의 사제들이며 거룩한 겨레이고 하느님 소유가 된 백성입니다. 그러므로 여러분은 어두운 곳에서 여러분을 불러내어 그 놀라운 빛 가운데로 인도해 주신 하느님의 놀라운 능력을 널리 찬양해야 합니다. 여러분이 전에는 하느님의 백성이 아니었지만 지금은 하느님의 백성이며 전에는 하느님의 자비를 받지 못했지만 지금은 그분의 자비를 받게 되었습니다."(1베드로 2,5. 9-60)

사도의 이 말씀은 이전에 이스라엘에 적용되었던 말들로 이제는 새로운 이스라엘, 에끌레시아요 교회인 그리스도인들에게 해당되게 되었음을 보여주고 있다. 이전에는 오직 아론의 가문만이 사제로 봉사하도록 선별되어 있었지만, 이제는 새 이스라엘 전체가 교회의 모든 지체들이 선택받은 거룩한 가문, 왕의 사제들, 하느님 소유의 백성이 되게 되었다. 그리고 그들은 거룩한 사제로서 "하느님께서 기쁘게 받으실 만한 신령한 제사를 예수 그리스도를 통해 드리도록" 부르심을 받고 있다.

이러한 신령한 제사가 바로 하느님의 온 백성이 공동예배로 집전하는 거룩한 리뚜르기아에서 이루어지는 것이다. 거룩한 리뚜르기아에서 사용되는 모든 기도들은 불과 몇 개의 예외를 제외하고는 중복이 되고 있는데, 이는 하느님의 온 백성의 이름으로 봉독하고 노래하도록 하려는 의도에서 비롯된 것이다. 이런 기도들 가운데 하나를 예로 들자면 리뚜르기아 제 1부에 나오는 안티폰들이 있다.

"주는 우리에게 은총을 내리시어, 한 마음 한 뜻으로 주께 이

기도를 올리게 하시고, 둘이나 셋이 주의 이름으로 모여 기도드리면, 주님은 그 청을 들어 주겠노라고 약속하셨사오니, 지금 주의 종들의 간곡한 애원을 이루어 주시어 현세에서는 주의 진리를 깨닫고, 후세에서는 영원한 생명을 누리게 하소서. 주는 선하시고 자애로우신 하느님이시니, 성부와 성자와 성령께, 이제와 항상 대대로 영광을 바치나이다."

초대 교회에서는 리뚜르기아에 나오는 모든 기도는 큰 소리로 바쳤다. 온 회중이 기도에 참여하였다. 그러다가 6세기에 접어들면서 리뚜르기아의 일부 기도들을, 주례하는 사제가 낮은 음성으로 바치기 시작했다. 이같은 변화에 반대하려는 움직임들이 없지 않았지만 그것은 점차 보편적인 관례로 굳어졌으며, 그 결과 지금도 전례서에는 리뚜르기아 중에 하는 기도들 가운데 사제가 혼자서 "은밀하게" 바칠 것들이 표시되어 있다. 그러나 리뚜르기아에 대한 회중의 이해력을 높이려는 노력이 줄곧 있어왔고 그래서 지금은 리뚜르기아의 기도들을 큰소리로 낭송하던 관습을 되찾아야 할 필요성을 깨닫기에 이르렀다.

하느님 백성의 온 회중이 공동 기도들을 전체적으로 이해하지 못하는 상태에서 그 한 부분이나 끝 구절만을 듣게 될 경우 어떻게 완전한 이해와 참된 느낌 속에서 구원의 성사에 참여할 수 있으며 자기네가 왕의 사제들이라는 사실을 자각할 수 있겠는가? 그러나 이같은 현상이 대부분의 경우가 되고 있기 때문에 지금도 참석한 사람들은 개인적인 기도 감정 이상의 다른 참여는 못한 채

예배에 끌려가거나 아니면 다소를 불문하고 흐트러진 마음으로 방관하고 있게 된다. 후자의 경우 사람들은 리뚜르기아의 외적 내지는 심리적인 면에 특별한 관심을 쏟게 되고 그 결과 예식의 화려함과 멋진 노래를 경탄하는 데 몰두하고 만다. 물론 이러한 측면들도 하느님의 천상 영광을 반영하기 때문에, 그 나름의 가치를 지니고 있는 것은 사실이지만 그래도 그것은 성체성혈 성사의 내용을 위한 골격에 불과한 것이다. 이런 것들이 목적 그 자체가 되어서는 안 된다. 초대 교회에서는 외적인 화려함은 없었다. 그들은 부활하신 그리스도와의 기쁨에 찬 만남에서 성찬의 장엄함을 맛보았던 것이다.

리뚜르기아의 주례자는 그리스도 자신이시다. 이 사실은 사제가 헤루빔 성가 전에 바치는 기도에서도 명확히 지적되고 있다. 이 기도는 리뚜르기아의 다른 기도들과는 달리 주례하는 사제가 개인적으로 바치는 기도이다. 사제는 이 기도를 통하여 사제가 위임받아 집전하는 '피 흘림이 없는 이 제사'를 주관하시는 분은 그리스도 자신이심을 인정했다.

> "그리스도 우리 하느님이시여, 이 예물을 봉헌하시는 이도 주님이시요, 봉헌되시는 이도 주님이시며, 예물을 받으시는 이도, 우리에게 나누어 주시는 이도 한 주님이시기 때문이로소이다."

하지만 그리스도께서는 사제를 통하여 행동하신다. 그리스도께서 '친교제'를 집전하시며 감사를 드리시고 축복하신 후 떼어서 제자들에게 건네 주셨듯이, 리뚜르기아에서도 언제나 주례자가 거룩한 성사를 거행하되 하느님 백성 전체의 음성으로 그들과 함께 거행한다. 다른 사람들은 모두가 그의 공동집전자들로서 저마다 자기 자리를 갖는다. 다른 사제들과 보제들은 제단 주변에 둘러서며 그밖에 하느님 백성의 구성원들은 성당 안에 자리잡는다.

성당 안에 서있는 사람들은 수동적인 참관자들이 아니라 주재하는 사제나 주교와 공동집전자들이며, 따라서 리뚜르기아 과정을 따라가면서 기도들에 참여해야 한다. 그래야만 리뚜르기아는 진정한 전례(공동 예배)가 되며 교회는 에끌레시아(성찬식에 모인 하느님의 백성)가 된다.

성체성혈 성사 : 감사의 희생제사

우리가 앞에서 인용한 사도 베드로의 말씀은 리뚜르기아의 희생제사적 본질을 이야기하는 것이었다. "여러분도 신령한 집을 짓는 데 쓰일 산 돌이 되십시오. 그리고 거룩한 사제가 되어 하느님께서 기쁘게 받으실 만한 신령한 제사를 예수 그리스도를 통하여 드리십시오."

바로 이것이 신도들의 리뚜르기아의 가장 핵심인 성찬식에서 제대로 실현되고 있다. 아나포라 또는 봉헌기도에서 사제가 바치는 말씀을 통해 회중은 신령한 사제로서 피흘림이 없는 신령한 제사를 바치며 하느님께서 인류에게 해주신 일들 모두를 감사드린다. 우리가 가장 먼저 감사드리는 일은 '주께서 무에서 우리를 창조하셨다'는 것이다. 그리고 계속해서 '낙오된 우리를 일으켜서 하늘에 들어 올리시고 앞으로 올 주의 나라를 우리에게 주실' 것이기 때문에 감사드린다. 또한 우리는 '알게 모르게, 보이게 보이지 않게 우리에게 베풀어 주신 모든 은혜'를 두고 성삼위께 감사드린다. 특히 우리는 이 리뚜르기아를 허락하신 데 대해 감사를 드린다.

　"주님은 이 리뚜르기아를 감히 우리의 손으로 올리게 하셨으니 …… 수천의 대 천사들이 …… 주를 받들어 모시고 개선의 찬송을 노래하며 큰 소리로 외치며 말하기를, 거룩하시다! 거룩하시다! 거룩하시다!"

여기에서 온 회중이 기도에 참여하여 노래한다.

　"거룩하고, 거룩하고, 거룩하신 만군의 주. 하늘과 땅이 영광으로 가득하니 높은 하늘에서 호산나. 주님 이름으로 오시는 이여, 찬미 받으소서, 높은 하늘에서 호산나!"

회중은 이 천상의 합창에 참여함으로써 하느님의 성성과 영광을 이렇게 인정하게 된다.

　"주는 이 세상을 극진히 사랑하시므로 주의 외아들을 보내 주시어 그를 믿는 사람은 누구나 망하지 않고 영원한 생명을 얻게 하셨나이다.…… 주님 자신을 내어 주시던 날 밤에…… 빵을 드시고 감사드리신 후 축성하시고 거룩하게 하시어 그의 성 제자들과 사도들에게 나누어 주시며 말씀하셨나이다.
　받아 먹어라, 이는 내 몸이니 너희의 죄 사함을 위하여 떼어 냄이니라.

또한 저녁을 잡수신 후 같은 모양으로 잔을 드시고 말씀하셨
나이다.

너희는 모두 이것을 마셔라. 이것은 새로운 계약을 맺는 내
피이니, 너희와 모든 이의 죄 사함을 위하여 흘리는 피이니라."

이 구원의 계명과 거기에 결부되는 모든 구원의 신비 즉 '십자
가와 무덤, 3일만의 부활, 하늘로의 승천, 오른편 좌정, 영광스러
운 재림' 등을 기념하는 가운데 사제는 '거룩한 제단'에 놓였던
'거룩한 선물들'(빵과 성작 속의 포도주)을 들어 올리며 말한다.

"당신의 것인 이 세상의 모든 것 중에서 특히 이 예물을, 우리
에게 베푸신 모든 은혜에 대한 감사로써, 항상 당신에게 바치나
이다."

이 합당하고 피흘림이 없는 예배를 바치면서 회중은 하느님께
기도한다.

"우리와 이 예물에 주의 성령을 보내소서, 이 빵이 주 그리스
도의 고귀한 몸이 되게 하소서, 또한 이 잔에 들어 있는 것이 주
그리스도의 고귀한 피가 되게 하소서."

이와 동시에 주례자는 빵과 잔을 축성하되, 따로따로 축성한 다
음에 다시 한꺼번에 축성한다. 그러고 나서 성직자와 회중은 목소

리를 합하여 노래한다.

"아멘, 아멘, 아멘."

이렇게 해서 하느님의 백성은 지상의 생명을 유지시키는 음식들 가운데서 선택한 빵과 포도주를 바쳐 봉헌함으로써 영적 생명의 자양분인 천상의 식사 곧 그리스도의 거룩하신 몸과 피를 부여받게 된다. 정교회는 빵과 포도주가 눈에 보이지는 않지만, 실질적으로 그리스도의 몸과 피로 바뀌는 이 변화를 설명하려고 들지는 않는다. 왜냐하면 그것은 신비이며 신앙을 통해서 얻게 되는 것이기 때문이다.

밀라노의 주교 성 암브로시오는 4세기 사람으로 거룩한 리뚜르기아를 준비하는 이들이 바칠 기도 하나를 지었다. 그 기도에서 발췌한 다음의 내용에서 우리는 거룩한 성찬식과 그것이 구원의 희생과 갖는 관계를 보던 초대 교회의 시각을 알 수 있게 된다.

"우리의 참된 대사제 예수 그리스도여, 주는 우리 죄인들을 위하여 당신 자신을 주의 십자가의 제단 위에 흠 없이 깨끗한 희생제물로 바치셨나이다. 주는 주의 몸을 우리에게 주어 먹게 하시고 주의 피를 우리에게 주어 먹게 하시고 주의 피를 우리에게 주어 마시게 하셨으며 "너희는 나를 기념하여 이 예식을 행하라" 하신 말씀으로 성령의 힘을 제도화하셨나이다. 나는 우리 구원의 엄청난 대가인 주의 지극히 귀한 피를 통하여 주께 기도

드리나이다. 나는 말로 다할 수 없는 주의 놀라우신 사랑을 통하여 주께 기도드리나이다. 주는 우리 죄인들을 너무도 극진히 사랑하셔서 우리 죄를 당신의 피로 깨끗이 씻어 주셨으니 주의 보잘 것 없는 종인 나를 가르치시어 성령의 힘으로 이 위대한 성사를 합당한 존경과 신심과 경외심과 두려움을 갖고 집전할 수 있게 하소서…….

주의 성령이 내 마음 안에 임하여 하느님의 휘장으로 가려져 깊숙이 숨겨진 이 위대한 신비의 진리를 조용한 음성으로 온전히 깨우쳐 주게 하소서…….

또한 주여, 주의 선하심에 의지하여 기도드리오니 주의 신성이 이 빵에 온전히 임하게 하소서. 오 주여, 그 옛날 우리 교부들의 희생제사에서처럼 눈에 보이지 않고 감지할 수도 없는 주 성령의 영광이 여기에 스며들게 하소서. 그분으로 하여금 우리가 바친 선물들을 주의 몸과 피로 변화시키고 주의 보잘것없는 종인 나를 이끌어 이 위대한 성사를 집전할 수 있도록 해주소서……."

그리스도 안에서의 합일과 일치

"나를 기억하여 이 예를 행하라."(고린토 11,24-25) 앞서 이야기한 방식대로 이 권고말씀이 있고나서 거룩한 선물들이 축성된 다음에 이 기도가 뒤따른다.

> "이것을 받아 마시는 자들에게 영혼의 평화와 죄의 사함과 주의 성령의 친교가 있게 하시고 하늘나라의 완성과 주께 대한 신뢰가 되게 하시며 심판과 단죄가 되지 말게 하소서."

첫째로 기억되는 사람들은 미래의 구원을 믿으며 살던 구약시대의 의로운 이들이며 그 다음은 '사도들, 설교자들, 복음사들, 순교자들, 증거자들, 굴욕과 절제에 전심하는 모든 이들과 믿음을 갖고 잠든 의로운 이들'인데 이중에서 첫 번째가 테오토코스(Theotokos, 하느님의 모친)이자 평생 동정녀이신 마리아이며 다음이 세례자 요한이며 다음이 사도들이고 다음이 리뚜르기아에서 축일을 경축하는 성인들이다. 그리고 나면 주례자는 영생과 부활을 바라면서 고이 잠든 교회의 모든 지체들을 기억한다.

이어서 살아있는 이들과 온 세상과 온 교회와 지도자들에 대한 기도가 있고 해당 교구 주교의 이름을 거명하며 또한 회중, 그 가운데서도 특히 여행자들과 병자들과 고통받는 자들과 묶여있는 자들과 예물을 드리는 자들과 가난한 이들을 돌보아 주는 자들에 대한 기도가 뒤따른다. 사람은 이러한 기도들을 통하여 구원의 성사가 승리하여 천상에 가 있는 회중과 아직도 이 세상에서 투쟁을 계속하고 있는, 싸우는 회중을 어떤 방법으로 결합시키고 있는지를 피부로 느낄 수 있게 된다.

마지막으로 주례자는 우리가 "입을 모아 한 마음으로" 거룩하신 성삼위를 찬미할 수 있는 기도를 큰 소리로 마치면서 아나포라($Aναφορά$, 봉헌)를 끝낸다. 그리고 이어서 다음과 같은 말로 사람들에게 축복을 내린다.

> "지극히 높으신 하느님, 우리 구세주 예수 그리스도의 은혜가 여러분과 함께 있으리라."

거룩한 것은 거룩한 이들에게……

감사와 기념의 성찬 기도들이 끝나면 이제 우리는 영성체를 위해 우리 자신을 준비한다. 그리고 '청원 연도'라고 부르는 일련의 청원기도를 통해서 우리 영혼에 중요한 것들 모두를 청하게 된다. 그런 다음에 주의 기도에 앞서 다음 기도를 바친다.

> "자애로우신 주여, 주께 우리의 온 생명과 희망을 맡기나이다. 주의 이름을 부르며, 기도하고, 간구하오니, 우리로 하여금 깨끗한 양심으로, 성스럽고, 영적인 이 제단에서 행해지는 천상의 성찬에 참여하기에 합당한 자 되게 하소서.
> 그리하여 우리 허물과 죄를 사함 받게 하시고, 우리에게 성령의 친교를 주시고 하늘나라를 상속 받게 하시고 떳떳하게 주 앞에 나아갈 수 있게 하시고 단죄 받지 않게 하소서."

우리가 깨끗한 양심으로 구원의 성사에 참여할 수 있게 해달라고 기도하고 나서 주의 기도를 통해 하늘에 계신 하느님을 우리의 아버지로 여기며 과감하게 접근한 연후에 고개를 숙이고 이렇게 기도한다.

"주님이시여, 주님 외아들의 은혜와 자비와 자애를 통하여 …… 이 예물이 우리의 각자 필요에 따라 모든 이에게 유익되게 하소서."

사람의 기도가 '거룩한 선물'을 받을 때를 기다리는 동안 약화되지 않도록 하기 위해서 주례자는 '거룩한 것은 거룩한 이들에게 합당하나이다'는 말을 한다. 그와 동시에 그는 어린 양이신 성체를 들어올려 사람들이 바라볼 수 있게 한다. 그러면 사람들은 이렇게 대답한다.

"한 분이신 거룩한 이여, 한 분이신 주님이시니 예수 그리스도는 하느님 아버지의 영화로다. 아멘."

신도들에게 그들이 오로지 거룩하신 단 한 분 그리스도께 속해져 있음을 느끼게 하려는 데에 뜻이 있는 이 기도가 끝나면, 사제는 빵을 쪼개면서 이렇게 기도한다.

"하느님의 어린 양이 떼어지고 나뉘시나이다. 그는 나뉘시지만 분리되지 아니하시고 항상 양식이 되며 결코 없어지지 아니하실 뿐만 아니라 받아 모시는 이들을 거룩하게 하시나이다."

이 모든 기도들이 영성체를 위한 준비에 해당한다. 실제로 리뚜르기아에서 이 시점에 오면 흔히 이완현상이 나타나곤 하는데, 이는 리뚜르기아의 지속적인 과정이 한 순간 끊기는 현상이다.

이런 현상이 나타나는 이유는 무엇인가? 제단의 임금문과 휘장이 닫혀져 있어 회중이 지성소에 있는 성직자를 보지 못하게 되기 때문이다. 그래서 제단 문이 열릴 때까지 간격을 "메꾸기" 위해서 성가대가 노래를 하게 된다.

이것이 최악의 상태로 바뀌게 되는 것은 성가대가 리뚜르기아가 여기까지 진행되는 동안 청중들로 하여금 지니게 한 "성스러운 기대감"과는 전혀 무관하게 예술적 기교를 발휘하여 일종의 발표회의 순간으로 만들어 버릴 때이다.

이러한 결함은 쉽게 교정할 수가 있다. 제단의 문들을 열어두면 된다. 지금은 리뚜르기아가 진행되는 동안 내내 제단 문들을 열어놓는 쪽으로 관습이 바뀌고 있다. 사실 성직자가 이 순간에 닫혀진 문 뒤에 있으면서 하느님의 백성들과 서로를 차단시켜야 할 하등의 이유도 없다. 오히려 성직자가 영성체를 하는 열렬한 모습을 보면 성당 안의 사람들이 똑같이 성스러운 순간을 준비하는 데 도움을 얻을 것이다.

성직자가 영성체를 하는 동안 성가대는 시편 34장을 노래하되 성소 안에서 영성체하는 이들의 정신집중을 방해하지 않도록 천천히 그리고 조용하게 하면 좋을 것이다.

만일 성직자가 리뚜르기아를 계속 진행시킬 채비가 다 되기 전에 시편이 끝나버릴 경우에는 봉독자가 영성체 준비를 위한 기도를 낭송해도 좋겠지만, 여기에 가장 적절한 것은 역시 침묵의 순간을 유지하는 일일 것이다.

믿음과 사랑으로 가까이 올지어다

성직자의 영성체가 끝나면 신도들이 주의 만찬에 초대된다. "하느님에 대한 경건한 마음과 믿음과 사랑으로 가까이 올지어다."

신도들은 나아가면서 주례하는 주교 또는 사제와 함께 낮은 음성으로 이렇게 기도한다.

"주님이시여, 나는 믿고 고백하나이다. 진실로 주는 그리스도시요, 살아계신 하느님의 아들이시나이다. 주는 죄인들을 구원하시러 세상에 오시었고 나는 그 중에서 가장 큰 죄인이나이다. 나는 이것이 지극히 정결한 주의 성체요 고귀한 주의 성혈임을 믿나이다. 그러므로 주께 비오니 나를 불쌍히 여기소서, 의식적이거나 무의식중에 말과 행실로 알게 모르게 범한 죄를 용서하소서. 나로 하여금 참으로 순수한 주의 성찬에 참여케 하시며 이 성찬이 내게 단죄가 되지 않고 죄의 사함과 영생이 되게 하소서.

하느님의 아들이시여, 오늘 신비로운 성찬에 나도 참여케 하소서. 주의 원수들에게 이 신비스러운 성찬에 대하여 말하지 않으리이다. 유다처럼 주님을 입맞추지 않고 오히려 저 강도처럼 주님께 고백하나이다. 주님이시여, 주의 나라에서 나를 기억해 주소서, 하고 고백하리이다.

주 예수 그리스도 자애로우신 나의 하느님이시여, 죄 많은 나에게 이 거룩한 성찬에 참여함이 내게 심판과 단죄가 되지 않게 하시어, 내 영혼과 육신을 깨끗하고 거룩하게 하소서."

그런 다음 모두가 부복했다가 다시 일어나서 속으로 이렇게 암송한다. "보라, 나는 그리스도, 불멸의 왕, 우리 하느님께 나아가리로다." 그리고 각자가 거룩한 잔 앞에 가서 사제에게 자신의 세례명을 대면 사제는 이렇게 말한다.

"우리 하느님, 주 예수 그리스도의 거룩하시고 생명을 주시는 성체와 성혈이 (세례명)에게 주어지니 당신의 죄사함과 영생이 되어지이다."

영성체를 한 다음 각 사람은 피와 물이 섞여 나온, 창으로 찔린 구세주의 옆구리라 여기면서 성작에 입을 맞춘다.(요한 19,34) 그런 다음 그들은 한쪽 탁자 위에 마련되어 있는 물 탄 포도주 약간과 축성한 빵 한 조각을 들게 된다. 그렇지만 이 절차는 성체를 배령하는 사람들 수가 아주 많은 때는 하기가 불가능해진다.

우리가 영성체를 한 날에는 부복을 하지 않는데 그 이유는 "내 살을 먹고 내 피를 마시는 사람은 내 안에서 살고 나도 그 안에서 산다"(요한 6,56)고 하신 주님의 말씀이 이루어졌기 때문이다.

모든 사람이 영성체를 끝마치면 사제는 사람들을 축복하며 "하느님이시여, 주님의 백성을 구원하시고 아버지의 상속자를 축복하소서"라고 기도하는데, 이 때 그 자리에 참석한 하느님의 백성은 이미 체험한 구원을 드러내 보이는 뜻으로 이렇게 노래하여 사제에게 응답한다.

"우리가 참 빛을 보았고 하늘의 성령을 받았으며 나누이지 아니하시는 삼위일체를 경배함으로써 참 신앙을 얻었으니 이는 그가 우리를 구원해 주셨음이라."

'거룩한 선물들'이 제단에서 치워질 때 백성에게 보여지게 되는데 이 때 그들은 "우리 하느님은 이제와 항상 대대로 찬미받으시도다" 하는 사제의 말씀을 듣는다. 이 말씀으로 하느님의 신비들에 참여하게 됨을 감사드리는 리뚜르기아의 마지막 부분이 시작된다. 회중은 사제의 감사기도에 이어 이렇게 노래한다.

"오 주여, 우리의 입을 주님의 찬미가로 채우시어 주의 영광을 노래하게 하소서. 주는 우리를 거룩하고 성스럽고 생명을 주시는 주의 불멸의 신비들에 온전히 참여케 해 주셨나이다."

이 찬미가는 다음과 같은 청원기도로 끝맺는다.

"주의 거룩하심으로 우리를 지켜주시어 온 종일 주의 의로우심을 묵상하게 하소서. 알렐루야! 알렐루야! 알렐루야!"

이 찬미가에 이어지는 감사의 연도는 비슷한 찬미의 말씀으로 끝맺는다.

"주님은 우리를 축성해 주시니 성부와 성자와 성령께 이제와 항상 대대로 영광을 드리나이다."

그런 다음 사제는 회중들 가운데 서서 리뚜르기아의 폐회기도를 낭송하는데, 이 기도는 말하자면 리뚜르기아에서 바치는 모든 기도의 주제들을 요약하는 것이다.

"주를 찬양하는 이들을 축복하시며 주님을 믿는 이들을 거룩하게 해 주시는 주여, 주님의 백성을 구원하시고 아버지의 상속자를 축복하옵소서……."

리뚜르기아는 주님의 축복과 더불어 우리 교회에 가까운 성인들과 당일에 기념하는 성인들의 이름이 언급되는 폐식 기도로 마무리된다.

이리하여 거룩한 성찬식에 참여한 신도들은 성스러운 느낌을 자기네 가정과 모든 생활로 연장시키고 '주의 거룩하심으로 우리를 지켜주시어 온 종일 주의 의로우심을 묵상하게 하소서. 알렐루야!'라는 기도를 마음속으로 되풀이하게 된다.

이렇게 되어 삶은 성체성혈 성사에서 성체성혈 성사로 연결되면서 그리스도를 "마주 대할" 때까지, 그리스도의 완전성에 도달할 때까지 이어지게 된다.(I고린토 13,12. 에페소 4,13)

> "오 그리스도여, 위대하시고 지극히 거룩하신 빠스카여, 오 하느님의 지혜요 말씀이자 권능이시여, 우리로 하여금 주님의 나라의 영원무궁한 날에 보다 완전하게 주님을 누리게 하소서."

그분이 오실 때까지

"이 쪼개진 빵이 여러 언덕들로 흩어졌다가 다시 모여 한 덩어리를 이루었듯이 주의 나라도 땅끝에서부터 모여 주의 나라를 이루게 하소서"(디다케[1] 9,4)

감사의 만찬, 성찬식에서 이루어지는 일치에 대한 이 아름다운 비유는 〈열두 사도의 가르침〉이라 불리우는 1세기 작품에 나오는 것이다. 결국 성체성혈 성사는 "신앙으로 완전해진 모든 의로운 영들"을 그리스도의 거룩하심에 참여하며 리뚜르기아에서 거룩하다고 일컬어지는, 싸우는 교회의 지체들과 결합시켜 주는 것이다.

"빵은 하나이고 우리 모두가 그 한 덩어리의 빵을 나누어 먹는 사람들이니 비록 우리가 여럿이지만 모두 한 몸인 것입니다."(고린토 10,17) 이 한 덩어리의 빵과 한 몸에 관한 사도의 말씀은 신약성서에서 "그리스도 안에" 있다는 말과 같은 의미를 갖는다. 그러니까 신앙의 일치는 그리스도 안에서 거룩한 성찬식을 통하여 실

---

[1] 초대교회 교훈집.

현되는 것이다.(로마 12,5. II고린토 5,17. 갈라디아 3,28)

이 점은 회중의 삶에 있어서도 마찬가지이다. 회중 내부에서 성찬의 영적 일치감이 강해지면 강해질수록 합의와 평화와 사랑도 그만큼 강화 된다. 한 몸의 지체들이 다 평등하듯이 주님의 잔 앞에서는 가난한 자도, 부자도, 높은 자도, 낮은 자도, 배운 자도, 못 배운 자도, 고용주도 노동자도, 사제도 평신도도 따로 없으며 모두가 똑같은 귀한 피로 구속되며 그리스도 안에 한 몸을 이룬다.(갈라디아 3,29)

교회 생활의 핵심인 성찬식은 또한 그리스도의 재림에까지 연결되는 종말론적 의미를 갖는다. "이 빵을 먹고 이 잔을 마실 때마다 주님의 죽으심을 선포하고, 이것을 주님이 오실 때 까지 하십시오."(I고린토 11,26)

성찬식은 그리스도의 재림 때까지 계속 집전될 것인데, 이는 또 달리 표현 될 수 있는 것이다.

성찬식에서는 하느님의 사랑이 인간의 사랑과 마주치게 된다. 그렇지만 말세가 되어 "사람들의 마음속에서 따뜻한 사랑은 찾아 볼 수 없게"(마태오 24,12) 되면, 성찬식은 더 이상 집전되지 않을 것이며, 그 때에 그리스도의 재림이 이루어지게 될 것이다.

미리 축성된 성찬예배

그리스도인의 생활은 성찬식에서 성찬식으로 이어진다. 주님의 날에 구원의 성사에 참여하는 일은 한 주간의 대단원이 된다. 그날은 진실로 거룩한 날이다. 우리가 부활하신 주님을 만나 뵙는 날인 것이다.

그러나 일요일 다음에 한 주간의 다른 요일들이 이어진다. 초대교회의 역사를 보면 그리스도인들이 다음 주님의 날까지 줄곧 기다리지 못하고 주님의 만찬에 참여하고자 열망했었음을 알게 된다. 순교의 시대가 지나고 교회가 비교적 평화로운 시대를 구가하면서 리뚜르기아를 평일에도, 특히 토요일과 순교자를 기념하는 날 및 그 밖의 축일에도 집전하는 관습이 곳곳에서 생겨났다. 모니카의 이야기는 성찬식이 날마다 집전되었음을 보여준다.

사순절이면 그리스도인들은 되도록 자주 영성체함으로써 힘을 얻고자 했다. 그러나 토요일을 제외한 사순절 평일에는 성찬식이 집전되지 않았다. 리뚜르기아는 항상 축제의식으로 금식일에는 적합하지 않기 때문이었다. 그래서 그 전 주님의 날에 축성된 성찬 예물들이 평일에 분배되는 관습이 생겨났다. 이런 형식의 영성체는 흔히 '미리 축성된 리뚜르기아' 라 부르는, 수요일과 금요일에 집전되는 예배와 함께 이루어졌다. 이 미리 축성된 리뚜르기아는 "문답체 작가"인 로마 교황 성 대 그레고리오로부터 유래된 것이다. 정교회의 평소 리뚜르기아는 성 대 바실리오스와 성 요한 크리소스톰의 이름과 연결되어 있다.

미리 축성된 리뚜르기아의 특징은 만과와 결부되어 저녁에 집전된다는 것이다. 초기 그리스도인들은 미리 축성된 리뚜르기아 때 영성체할 것에 대비해서 아침부터 저녁까지 온 종일 금식을 하였다. 오늘날의 완전 금식은 정오에 시작하도록 규정되어 있으며, 따라서 우리는 열두시부터 저녁 리뚜르기아 때까지 일체의 음식과 음료를 들지 않는다.

사순절 기간 중의 저녁 리뚜르기아는 중요한 것이 된다. 왜냐하면 낮 동안 작업을 하는 회중의 구성원들까지도 참여가 가능하기 때문이다. 따라서 아주 많은 사람들이 이 참회와 희망의 사순절 예식에 참여하여 영성체를 할 수 있는 것이다. 이 저녁 전례들은 저녁에 영성체를 하던 초기 그리스도교 관습을 새롭게 해주는 것으로, "주님의 만찬"이라는 이름이 바람직할 것이다.

제3장
기도

"항상 깨어 있으면서 감사하는 마음으로 꾸준히 기도하십시오."
(골로사이 4,2)

우리의 사명

앞장에서 우리는 성체성혈 성사를 다루었다. 성체성혈 성사는 실로 우리의 영적 내지는 육적 생활을 거룩하게 만드는 성화(聖化)요, 사람들이 그리스도의 "신적 본질에의 참여자"가 되게 하는 수단이다.

우리는 성체성혈 성사에 참여할 때 지금 이곳에서 하느님 나라를 체험한다. 이 체험은 앞으로 올 거룩한 삶을 미리 맛보여 준다. 하지만 우리는 여전히 이 세상에서 살아간다. 우리의 사명이 이곳에서 계속되는 것이다. 그것은 우리가 성찬식 때마다 듣는 "너희는 이 빵을 먹고 이 잔을 마실 때마다 나의 죽음을 선포하고 나의 부활을 고백하라" 하신 말씀을 통하여 그리스도로부터 부여받은 사명이다.

성 대 바실리오스의 리뚜르기아에 나오는 이 말씀을 오늘 우리가 성찬식에 모인 하느님의 백성으로서 사도들 시대부터 계속되어 온 그리스도에 대한 생생한 증언으로 이어가고 있음을 뜻한다. 이 증언에 대해 사도 요한은 이렇게 기술했다.

"우리는 그 생명을 보았기 때문에 그것을 증언합니다. 우리가 여러분에게 선포하는 이 영원한 생명은 아버지와 함께 있다가 우리에게 분명히 나타난 것입니다."(요한 1,2)

우리가 리뚜르기아를 끝낼 무렵에 다음과 같은 찬미가를 부른다. "우리가 참 빛을 보았고 하늘의 성령을 보았으며 삼위일체를 경배함으로써 참 신앙을 얻었으니……." 바로 우리의 사명은 우리가 성찬식에서 세상에 들어오는 것을 목격한 이 '빛'을 받고 "너희는 이와 같이 너희의 빛을 사람들에게 비추어 그들이 너희의 착한 행실을 보고 하늘에 계신 아버지를 찬양하게 하여라"(마태오 5,16)라고 하신 주의 말씀을 실현하는 것이다.

그렇다면 어떻게 해야 우리의 삶이 성체성혈 성사가 우리가 살고 일하는 세상과 결합시키는 살아있는 길이 되게 할 수 있을 것인가? 우리가 어떻게 해야 제자들이 부활하신 주님을 만나뵈올 때 맛본 그 기쁨을 세상에 전할 수 있겠는가? 이 사목서한의 제3부인 〈기도〉편에서 우리가 해답을 제시하고자 하는 문제가 바로 이것이다.

하느님의 형상인 인간

하느님은 숨어 계시지만 사랑 안에서 당신을 드러내 보이신다. 그리고 그 사랑은 우리들 각각에게 갖고 계시는 사랑이다. 우리로 하여금 우리의 죄에도 불구하고 하느님께 접근하여 그분과 친교를 맺을 수 있게 해주는 것이 바로 그 분의 사랑이다.

"사람이 무엇이기에 이토록 생각해 주십니까?"(시편 8,4) 성서에 따르면 사람은 하느님의 형상대로 창조되었다. 그런데 이 하느님의 형상이 죄로 말미암아 변질되고 말았다. 하지만 새 아담 그리스도를 통하여 이 하느님의 형상은 원래의 아름다움과 광채를 되찾게 되었다.

사람들은 그리스도의 몸인 성 교회의 지체로서 그리스도의 영광에 참여하도록, "정욕에서 나오는 이 세상의 부패에서 멀리 떠나 하느님의 본성을 나누어 받도록"(II베드로 1,4) 부르심을 받고 있다.

정욕에서 나오는 이 세상의 부패에서 멀리 떠나는 이 일은 하느님과의 친교를 통해서만 가능하다. 그리고 이 친교는 성세로 시작

된다. 세례를 통해 사람은 말과 성령으로 다시 태어나며 하느님께서는 그 안에 역사하시게 된다. 하느님은 사람에게 당신의 도우심을 베풀고 계시지만 그 도우심은 사람에게 와 닿기 위해서는 그가 마음과 정신의 순결을 열망하고 추구해야 한다. 그리고 이 일 역시 목적 있는 내적 투쟁, "눈에 안 보이는 전쟁"이라 불리우는 그 굴욕적 투쟁을 통해서 실현된다.

우리의 내밀한 자아

빛과 어둠은 본질적으로 피할 수 없는 적대관계에 있다. 빛이 밝아지면 그만큼 어둠이 쫓겨 가며 그 반대의 경우도 성립된다. 이와 동일한 자연 질서가 사람 안에, 그의 영적 생활 안에 존재하고 있다. 사도는 이 적대관계를 내적 전쟁이라고 부르고 있다. "나는 내 마음 속으로는 하느님의 율법을 반기지만 내 몸속에는 내 이성의 법과 대결하여 싸우고 있는 다른 법이 있다는 것을 알고 있습니다."(로마 7,22)

그렇다면 선과 악, 영적 빛과 어둠이 서로 대결하고 있는 우리의 "마음속"의 이 본질은 과연 무엇이겠는가? 간단하게 말해서 우리는 우리의 마음속을 주로 생각과 감정으로 알고 있다고 할 수 있다.

우리는 깨어 있을 때면 한 순간도 생각을 멈추지 않는 것이 보통이다. 생각은 우리 마음의 일부이며 우리는 생각들을 통해 살고 움직인다. 그러나 우리가 항상 우리의 생각과 감정을 통제할 수는 없다는 사실이 우리 모두의 공통된 체험이 되고 있다. 예를 들어

잠을 못 이루는 밤에 생각들이 우리의 의지와 무관하게 같은 궤도를 계속 돌 때, 특히 그 생각들이 감정상의 흥분과 결부되어 있을 때 그 같은 사실을 알게 된다.

인욕(人慾)은 우리의 혼합된 생각과 감정이 혼란에 빠질 때 발생한다. 그리스도께서 하신 말씀이 있다. "안에서 나오는 것은 곧 마음에서 나오는 것인데 음행, 도둑질, 살인, 간음, 탐욕, 악의 사기, 방탕, 시기, 중상, 교만, 어리석음 같은 여러 가지 악한 생각들이다."(마르코 7,22)

인욕이 발생하는 세 가지 근원이 있다. 첫째로 인욕은 인간관계들이 이루어지는 바깥 세계에 의해 야기된다. 둘째로 인욕은 "내 이성의 법과 대결하여 싸우는 다른 법", 인간 자신의 타락한 본성이 그 근원이 된다. 이것은 육욕과 폭식과 폭주와 나태 등을 유발한다. 셋째로 인욕은 우리 영혼의 적이요 유혹자인 "하늘의 악령"(에페소 6,12)이 그 근원이 된다. 불신, 낙담, 교만, 특히 독성 같은 것들이 거기에서 비롯된다.

악은 인간의 내심에서 그 나름의 질서를 가지고 번성한다. 사도는 이 사실을 이렇게 표현했다. "사실은 사람이 자기욕심에 끌려서 유혹을 당하고 함정에 빠지게 되는 것입니다. 욕심이 잉태하면 죄를 낳고 죄가 자라면 죽음을 가져 옵니다."(야고보 1,15)

그렇다면 우리가 악한 생각들의 의식(意識)을 차단함으로써 그것들이 인욕으로 발전하지 못하고 그 결과 "유혹 당하고 함정에 빠지는" 일은 피할 수 있다는 말인가?

사람이 생각을 중단하다는 것은 마치 소매 자락으로 바람을 막

으려는 것처럼 불가능한 일이다. 이는 한 원로가 자기 제자에게 들려준 이야기에도 나온다. 그렇지만 반드시 할 수 있는 본질적인 무엇인가가 있다. 그 원로는 이것을 이렇게 설명하기 위해 다음과 같은 비유를 들었다. "네가 길을 가다가 음식점이 있는 곳에 다다랐다고 하자. 음식점에서는 유혹적인 냄새가 풍겨 나오고 있다. 하지만 네가 빨려 들어 안으로 들어가든지 아니면 그대로 지나치든지 하는 것은 네 자신에게 달린 일이다." 이 원로가 유혹적인 냄새란 말을 쓴 것은 우리의 의식 속에 들어오는 비자발적인 못된 생각들을 표현하기 위해서였다. 우리는 멈추고 서서 그 생각들을 검토할 수 있다. 그런 다음에 "빨려 들어간다." 다시 말해서 그 생각을 좋아하고 마음속으로 받아들이게 된다. 그렇게 되면 우리는 이미 생각과 마음으로 죄를 범한 것이 된다. 그러나 우리는 "지나쳐 갈" 수도 있다. 이 경우는 악한 생각이나 영상이 우리의 의식을 스치기는 했어도 죄로 간주되지는 않게 된다.

성 대 주간 이전에 있는 세 번의 주일 철야기도 때에는 시편 137장이 노래된다. 이 노래는 "바빌론 기슭, 거기에 앉아 시온을 생각하며 눈물을 흘렸다"라는 가사로 시작된다. 그런데 보통 노래되지 않는 이 시편의 마지막 구절은 이렇게 되어 있다. "네 어린 것들을 잡아다가 바위에 메어치는 사람에게 행운이 있을지라." 여기에서 바빌론의 어린 것들이란 위에서 말한 대로 우리 마음속에 주입되는 죄가 되는 비자발적인 생각들과 영상들을 상징하고 있는 것이다. 그들은 태동하는 순간 마땅히 바위에 메어쳐 분쇄해야 한다. 그리고 이 바위는 곧 예수 그리스도이시다.

주여, 불쌍히 여기소서

우리는 성당에 들어설 때 성령으로 영광스럽게 변모된 거룩한 사람들의 얼굴을 성화에서 목격하게 된다. 성찬식에서 우리는 "대대로 하느님께 커다란 기쁨을 드린" 성인들을 기억하는 말씀을 듣게 된다. 그들은 구원의 성사로 일치된 이들이다. 그러기에 우리는 사도처럼 이런 말씀을 할 수 있다. "이렇게 많은 증인들이 구름처럼 우리를 둘러싸고 있으니 우리도 온갖 무거운 짐과 우리를 얽어매는 죄를 벗어 버리고 우리가 달려야 할 길을 꾸준히 달려갑시다. 그리고 우리 믿음의 근원이시며 완성자이신 예수만을 바라봅시다."(히브리 12,1-2)

성인들의 머리에 둘려 있는 후광으로 암시되고 있는 그 영광은 그들의 금욕적 투쟁 생활이 끝나갈 무렵에야 그들에게 부여되는 것으로 그것이 눈에 띠게 부여되는 것은 불과 몇 사람 되지 않는다. 그들은 우리가 출발해야 하는 자리, 즉 참회와 "모든 짐을 벗어버리는" 자리에서 출발해야 했던 사람들이다.

우리가 성세 때 유혹자에게서 벗어나 그리스도 편에 서겠노라고 약속했다는 사실이 결정적인 시작에 해당한다.

우리는 참회 또는 고백의 성사를 통해서 그리스도에 대한 충절을 새롭게 하고 십자가와 그리스도의 말씀인 복음서에 입을 맞춤으로써 그 충절을 가시적으로 드러내기도 한다.

그럼에도 우리는 "죄가 아주 지겹게 매달리고" 있음을 피부로 계속 느끼게 된다. 사도조차도 실지로 "나는 내가 해야겠구나 생각하는 선을 행하지 않고 해서는 안 되겠다고 생각하는 악을 행하고 있다"고 탄식하면서 "마음으로는 선을 행하려고 하면서도 나에게는 그것을 실천할 힘이 없다"고 고백하고 있다.(로마 7,18-19)

우리는 우리의 마음속 깊은 곳에서 빚어지고 있는 일들을 모두 알고 있다. 악이 우리의 마음과 정신 속에 어떻게 발판을 구축하고 커져가는지 알고 있는 것이다. 우리는 또한 무력감을 느낀다. 우리는 사방에서 이리떼에 포위된 사람이나 같다. 그런 사람이 할 수 있는 일이 무엇이겠는가? 그가 등 뒤에 있는 나무로 기어 올라갈 경우 그는 목숨을 건질 것이다. 바로 이 구원의 나무가 기도이다. 교부들이 이렇게 가르치고 있다.

그렇지만 기도란 과연 무엇을 말하는가? 일반적인 정의에 따르면 기도란 사람의 마음과 정신을 하느님께 들어 올리는 것이다. 하지만 기도는 학문 중의 학문이요, 예술 중의 예술이라는 말도 이어져 내려왔다. 그처럼 기도는 지극히 단순한 것이면서도 동시에 표현이 매우 풍부한 것이다.

기도는 하느님과의 친교를 향한 우리의 노력에 표현력을 부여한다. 이 친교는 하느님에 대한 우리의 사랑과 우리에 대한 하느님의 사랑의 자연스러운 표출이다. 우리는 기도라는 수로를 통하여 "우리 마음을 하느님 면전에 쏟아 붓는다." 이는 우리가 기도를 통해 찬미와 감사와 흠숭의 감정과 생각을 하느님께 드러낸다는 의미의 서정적 표현이다.

그러나 기도는 비단 예배의 한 형식만은 아니다. 그것은 우리 마음속에 자리잡은 악을 정복하는 데 도움이 될 수 있는 수단이기도 하다. 이런 의미에서 기도는 인간의 구조신호를 하느님께 전달하는 특별한 긴급전화와 같다.

주여, 불쌍히 여기소서! 이것은 예배 때 거듭 되풀이되는 구조신호의 외침이다. 그것은 또한 자기 마음의 문을 뚫어지게 주시하며 그곳으로 기어들려고 하는 악을 몰아내 달라고 주님께 소리지르는 개인적인 구조요청이기도 하다. 도움을 구하며 때로는 공동으로 때로는 개별적으로 외치는 이 부르짖음은 우리의 무력감에서 비롯된다. 주님께서 말씀하시기를 "너희는 나 없이 아무것도 할 수 없다"(요한 15,5)고 하셨다. 하지만 한편으로 이 부르짖음은 만일 우리가 원하기만 한다면 주님께서 우리의 마음을 깨끗이 씻어주실 수 있음을 믿는 우리는 포도나무이신 그리스도의 가지들이며, 열매를 맺으려고 노력하는 각 가지는 주님께서 "더 많은 열매를 맺도록 잘 가꾸신다."(요한 15,2)

따라서 하느님의 도우심과 우리의 기도는 "정욕에서 나오는 이 세상의 부패"에서 우리를 구해줄 것이다.

목표를 향하여

"늘 깨어 기도하여라."(루가 21,36) 주님의 이 말씀이 의미하는 바는 무엇인가? 우리의 마음을 오염시키려고 안간힘을 쓰는 모든 악을 부단히 방어하도록 마음을 단단히 가져야 한다는 의미가 아니겠는가? 정확히 그 뜻이다.

우리는 악이 우리의 의식 속에 몰래 기어들려고 하는 것을 알아차릴 때면 그 순간에 즉시 마음으로부터 "주여 불쌍히 여기소서"라고 외칠 수 있는 그런 마음가짐을 항구하게 정립시켜 놓아야 한다. 그러나 우리는 두 가지 문제점에 직면하게 된다. 과연 우리가 그렇게 할 수 있느냐는 것과 기꺼이 그렇게 하겠느냐 하는 것이 그것이다.

첫 번째 문제에 대한 해답은 이미 나와 있다. 도움이 없이는 우리가 그렇게 할 수 없다는 대답이 그것이다. 둘째 문제에 답을 해보자면, 죄란 흔히 우리의 본성처럼 되어버려 우리는 우리 마음속의 죄 되는 생각과 감정이 주는 단맛을 잃고 싶어 하지 않으려 하며 계속해서 거기에 매달리려고 하게 된다. 하지만 사도 바울로는 필립비인들에게 보낸 편지에서 "여러분 안에 계셔서 여러분에게 당신의 뜻에 맞는 일을 하고자 하는 마음을 일으켜 주시고 그 일을 할 힘을 주시는 분은 하느님이십니다"(2,13)라고 했다.

하느님이 어떻게 하시기에 우리네 의지와 방향까지 바꾸어 놓으실 수 있다는 말인가? 그분은 우리의 양심을 깨우쳐 주시고 우리의 영혼을 깨끗하게 만드심으로써 그 일을 하신다. 이런 일은 앞서 말한 대로 우리가 교회의 지체로서 특히 영성체를 통해 그리스도의 "신적 본질에 참여할" 때 이루어진다. 우리의 영혼을 깨끗이 씻어주고 우리의 의지를 강화시켜 주는 하느님의 성령의 이러한 작용은 우리가 영성체 후에 바치는 기도에 진술되어 있다.

"쓸모없는 것을 태워버리는 불꽃이시여, 주님은 무상으로 주의 몸을 내 음식으로 주셨나이다. 오 나의 창조주시여, 나를 지워 없애지 마시고 내 지체, 내 혈관, 내 심장 안으로 들어오소서. 내 죄의 가시들을 없애주소서. 내 영혼을 깨끗이 씻으시고 내 생각들을 성화시켜 주소서…….

나에게 수많은 죄악이 서린 집이 아닌 한 분이신 주의 성령의 성전이 되도록 길을 보여주소서, 나로 하여금, 불길을 피하듯이 온갖 사악한 것들과 온갖 육욕들을 피하고 영성체로 주의 감실이 되게 하소서……."

우리 영혼의 정화는 중대한 요소이며 이는 하느님께로부터 오는 선물이다. 그러나 항상 기도하려는 우리의 자세는 선물로 주어지지는 않았다. 그러기에 "누구든지 구하면 받고 찾으면 얻고 문을 두드리면 열릴 것이다"(마태오 7,8)라는 말씀이 나온 것이다. 이렇게 해서 우리는 우리가 출발했던 자리인 "늘 깨어 기도하여라"던 주님의 당부의 말씀에로 되돌아오게 되었다.

기도는 목적을 향한 의도적인 노력을 요구하며, 우리가 기도를 일종의 투쟁으로 이야기하는 것은 그럴만한 이유가 있다. 이 투쟁은 한평생 계속되는 그리스도인의 영적 생활의 본질을 적절히 묘사하는 말로 곧잘 "걷는다"는 단어를 사용하고 있다. 이 영적 생활은 존재하는 것이 아니라 부단히 전진하고자 하는 노력인 것이다. 사도는 이 사실을 다음과 같이 아름답게 표현해 두고 있다. "나는 내 뒤에 있는 것을 잊고 앞에 있는 것만 보면서 목표를 향하여 달려갈 뿐입니다. 하느님께서는 그리스도 예수를 통하여 나를 부르셔서 높은 곳에 살게 하십니다. 그것이 나의 목표이며 내가 바라는 상입니다."(필립비 3,13-14)

우리는 기도 중에 혼자서 투쟁하고 있는 것이 아니다. 무수히 많은 그리스도인들이 이미 이 사도와 똑같은 길을 걸어왔다. 교회는 그 사람들의 체험을 보존해 두어 우리에게 활용토록 제공하고 있다. 그러기에 우리는 확신을 가지고 출발을 할 수 있는 것이다.

기도의 규칙

우리가 서로 다르기는 하지만 우리의 영적 생활의 발전에는 어느 정도 일치점이 존재한다. 그러기에 다른 사람들의 체험이 기도생활에 있어서까지도 지침이 될 수 있는 것이다. 이 사실은 비유로 설명하는 것이 좋을 것이다. 우리는 멀리 떨어진 곳을 돌아보고 쓴 여행기를 읽으면서 마치 우리가 그곳에 가 있는 것처럼 느낀다. 그러다가 후에 기회가 있어 그곳을 직접 방문하게 되면 우리는 여행기에서 읽었던 소상한 일들을 확인할 수 있게 된다.

기도나 보편적인 영적 생활에서도 같은 현상이 일어난다. 우리는 다른 사람들이 체험했던 사실들을 글로 대하고 그들의 충고에 따를 때 동일한 체험을 맛보게 되기도 한다.

교회 교부들의 영적 지침들이 그들의 생존 연대나 장소에 관계없이 서로 일치하고 있다는 사실은 놀라운 일이다. 이 사실은 기도생활과 영적 투쟁의 기본 지침서인 필로칼리아 (Philokalia : 4-14세기 동방의 신비 수덕신학 전집)에서 훌륭히 입증되고 있다.

이 책은 4세기에서 14세기에 이르는 천 년 간의 교부들의 가르침을 수록한 대규모 전집이다. 그분들의 가르침에 담긴 일치된 정신은 수많은 배들이 같은 바람을 타고 같은 방향으로 항해하는 넓은 바다에 비유되어 왔다. 동일한 하느님의 성령의 인도를 받은 이 교부들의 가르침은 이론이 아닌 체험에 바탕을 두고 있다. 뿐만 아니라 인간의 기본 본성과 기본 문제점들은 대대로 동일하게 존속해 오고 있는 것이다.

기도하는 사람들의 체험과 교회의 지침에 따르면 기도법을 터득하는 첫째 조건은 규칙성이다. 하루 중 특정한 시간을 기도에 할애하도록 해야 한다는 것이다. 그렇게 하면 우리는 영적 수련 면에서도 단련이 될 수 있다. 우리는 자신에게 강제력을 발휘하여 기도하도록 만들어야 한다. 그래서 기도가 우리 인생의 목표를 향한 투쟁이 되는 것이다. 시편 작가는 "하루에도 일곱 번씩 찬양합니다"(시편 119 : 164)라고 말하고 있다. 아마 우리로서는 하루에 일곱 번씩 기도를 하기 위해 시간을 할애하지는 않을 것이다. 그래도 아침과 저녁은 기도하기에 적당한 시간이라 할 수 있다.

우리가 기도할 때 무슨 말을 사용하는가? 교회의 구성원은 누구나 교회 기도서 한 권쯤은 지니고 있어야 한다. 거기에는 아침기도와 저녁기도, 영성체 준비를 위한 기도와 여타의 필요에 응할 수 있는 기도들이 수록되어 있다. 정교회 기도서에 나오는 모든 기도들은 거룩한 교부들이 지은 것들이다. 그러므로 이 기도서는 우리에게 기도학교의 역할을 해주게 된다. 이 기도들은 교부들이 기도할 때 그랬듯이 올바른 정신과 깨끗한 마음으로 겸손하게 하느님께 다가가는 법을 가르쳐 준다. 기도서에 나오는 기도들을 활용하는 것 외에도 우리는 물론 언제든지 자신의 말로 기도를 바칠 수 있다. 그리고 기도 시간에는 반드시 정해진 분량의 성서봉독도 곁들여야 한다.

우리가 기도하는 법을 배우려면 우리 나름의 기도 규칙을 가져야 한다. 이 말은 매일 아침과 저녁에 규칙적으로 기도 시간을 갖고 그 때마다 일정한 일련의 기도들을 바치도록 해야 한다는 뜻이다. 아침에 잠을 깨자마자 몇 분간을 하느님께 할애하고 그 시간을 이용하여 아침 기도를 바친다. 마찬가지로 저녁에 잠자리 들기 전에 기도서에 있는 기도들을 낭송한다. 바로 이것이 우리의 기도 규칙인 것이다. 물론 우리의 마음이 오랫동안 불을 지피지 않은 화덕과 같아서 그것을 달아오르게 만들려면 많은 양의 나무를 태워야 할 경우들도 없지 않다.

성서 이외에도 정교회 교부가 영적 생활을 주제로 쓴 책 한 장을 매일의 영적 자양물로 보탤 필요가 있다.

한쪽에 모셔 둔 성상 앞에서

7세기의 위대한 수덕가인 시리아인 이사악은 기도의 본질을 이렇게 묘사하였다. "하늘나라에 오르는 사다리는 그대의 내심에, 그대의 영혼 안에 감추어져 있다. 그대 자신의 죄를 깨끗이 닦아 내라. 그러면 하늘나라로 오르는 데 필요한 사다리의 가로대들이 눈에 띌 것이다."

시리아인 이사악이 말한 대로 하느님과의 만남이 우리의 영혼 안에서 이루어진다고 하더라도 중요한 것은 우리가 혼령들이 결코 아닌 이 물질 세계 속에서 육체를 가지고 거니는 존재들임을 망각해서는 안 된다는 점이다. 그러므로 기도는 당사자의 육체와 그가 살고 있는 환경을 포함하여 그의 전 존재와 깊은 연관을 가질 수밖에 없는 것이다.

성당에서 우리는 특정한 방식, 즉 수많은 세기를 통하여 성령께서 조형해 놓으신 방식들에 따라 하느님께 예배를 드린다. 그러나 집에서 바치는 기도 역시 특정한 외적 형식을 필요로 하게 된다.

우리가 새 집이나 아파트로 이사를 가면 종교예식을 통해 그 집을 축성하게 된다. 이 봉헌을 언제까지나 잃지 않게 하는 표지가 바로 각 방에 걸어 놓는 성상들이다. 이 성상들은 하느님이 매일의 생활 속에서 사람들과 함께 살고 계신다는 사실을 일깨워 주는 것들이다. 모든 성상은 하느님께서 사람과 함께 머무시고자 그리스도를 통해 그에게 접근하셨다고 이야기하고 있다. "내가 세상 끝날까지 항상 너희와 함께 있겠다."(마태오 28:20) 이 말씀은 그리스도께서 당신 제자들을 떠나 하늘나라로 돌아가시면서 마지막으로 하신 말씀이다.

우리가 성당에서 기도할 때는 하느님의 백성(회중의 구성원들 또는 다른 예배자들)이 우리 시야에서 우리를 에워싸고 있다. 그러나 우리가 가정에서 기도할 때는 "너는 기도할 때 골방에 들어가서 기도하여라"(요한 6,6) 하신 그리스도의 말씀이 우리와 함께한다. 그렇다고 우리가 혼자 있는 것은 아니다. 우리가 기도하는 방 한쪽에 걸어놓은 성상이 하느님 나라의 창문이자 그 백성들과 연결시켜 주는 끈 구실을 한다.

성상들 가운데 보편적으로 가장 중요한 위치를 차지하는 것은 하느님의 모친과 사람이 되어 그분의 팔에 안겨 계시는 하느님 아들의 성상이다. 그 이유는 다른 무엇보다도 인간이 하느님과 가까이 있음을 입증해 주는 성상이 바로 이것이기 때문이다. 이 성상은 우리 구원과 연결된 근본적인 사실 즉 하나님이 사람이 되셨다는 사실을 우리에게 확인시켜 준다. 이 성상을 중심으로 좌우에 이미 영적 투쟁을 끝내고 하늘나라에 가 있는 우리의 벗들을 생각나게 해주는 다른 성상들을 걸어두어도 된다. 이런 성상들 중에 흔히 선택되는 것은 신도 본인이 세례 때 본명으로 받은 성인의 성상이다. 본인과 각별히 가깝게 된 성인들의 성상이다. 이런 성인들은 그들의 생애에 담긴 이야기들을 알고 있고 또 그들의 중보의 힘을 체험한 적이 있는 이들이다.

우리는 기도서에 나온 기도들을 바치기 전에, 우선 다음과 같은 축복의 기도로 이 천상의 벗들에게 기도에 참여해 주기를 요청한다. "하느님의 아들 주 예수 그리스도여, 지극히 순결하신 주의 모친과 모든 성인들의 기도를 보시어 나를 불쌍히 여기소서." 우리는 이렇게 우리 자신의 무력함과 우리 기도의 미약함을 깨달은 가운데 기도를 시작하게 된다.

시작과 끝의 축복으로 현재 사용되고 있는 또 다른 것은 "우리 하느님 주 예수 그리스도시여, 거룩한 교부들의 기도를 통하여 우리를 불쌍히 여기소서"라는 것이다. 여기에서 호소하고 있는 거룩한 교부들이란 주교들, 사제들, 원로들 그리고 각 그리스도인의 고백신부와 같은 영적 아버지들을 말한다. 영적 부권(父權)은 초대 교회에서 유래된 전승이다. 이에 관한 사도 자신의 기록이 있다.

> "여러분의 신앙생활을 지도해 줄 교사는 언제든지 있겠지만 아버지는 여럿이 있을 수 없습니다. 여러분에게 복음을 전하여 그리스도 예수를 믿는 교인으로 태어나게 한 사람은 바로 나입니다."(고린토 4,15)

아버지 직분은 본성상 남자의 역할이며 따라서 영적 아버지 직분, 곧 사제 직분 역시 언제나 남자가 맡아왔다. 사제인 남자는 이 직분을 통하여 그리스도의 대 사제직을 이어왔고 그리스도는 성찬식에서 그를 통해 활동하고 계신다. 이와 함께 하느님 어머니로서의 동정녀 마리아의 역할은 케루빔과 세라핌의 그것보다 더 영광스러운 위치로 들여 높여지게 되었다. 그러니까 교회는 그분이 예언한 대로(루가 1,48) 이 하느님의 어머니를 복되다고 찬양함으로써 동시에 모든 어머니들의 역할을 찬양하고 있다. 인류에게 부여된 생물학적 직분과 영적 직분은 상호 부합되며 상호 보완적 성격을 갖는다.

성상을 걸어두는 자리로 되돌아 가보자. 성당에서도 그와 비슷한 장소가 마련되어 있다. 우리는 등불이나 촛불을 켜둔다. 그리고 우리 나름대로의 기도 규칙에 따라 기도서에 나오는 기도들을 바친다. 집안의 각 방마다 성상을 걸어야 하며 물론 어린이들 방에도 그렇게 해야 한다는 것은 이미 이야기 하였다. 유아라 할지라도 마땅히 성상 앞으로 데려와서 그 앞에 타오르고 있는 불꽃을 바라보게 해야 한다. 어린이의 영적 발전에는 이 어린 시절이 더 없이 중요한 역할을 한다.

가정에서 아주 바람직한 일은 온 가족이 적당한 방을 택해 성상 앞에서 하루를 시작하고 끝내는 일이다. 이럴 때 가족이 공동으로 기도하는 데 필요한 간단한 규칙을 마련해 두면 각자가 자기 방에서 그에 따라 기도를 할 수 있게 된다. 한 가정이 공동으로 기도를 바칠 때는 기도를 가족끼리 돌아가면서 낭송하는 것이 좋다.

사도는 "먹든지 마시든지 그리고 무슨 일을 하든지 모든 일을 오직 하느님의 영광을 위해서 하라"(I고린토 10,31)고 말하고 있다. 우리가 은총과 음식 축복과 감사표시를 이야기하는 것도 바로 이 때문으로, 이런 것들은 정교회 가정에서 하느님의 현존이 자리잡게 한다.

하느님의 현존을 감지하는 일

　성상 앞에서 기도 바치는 일을 시작하면 어떻게 되는가? 우리가 기도문을 읽고 있는 동안 우리의 생각은 제멋대로 돌아다니고 있음을 이내 발견하게 될 것이다. 이런 일은 성당에서 낭독되거나 노래되는 기도문에 귀를 기울이고 있을 때에도 일어날 수 있다. 성당에서는 우리의 생각이 방황하더라도 진행되는 예식에는 방해가 되지 않지만, 우리가 혼자서 기도하고 있을 경우에는 문제가 달라진다. 기도는 생각이 거기에 함께 머물 때 비로소 기도가 된다. 그렇다면 우리는 어떻게 해야 하겠는가? 마땅히 우리 생각이 옆길로 빠져나갔던 그 지점으로 되돌아 가야한다. 만일 후에 다시 흐트러진다면 몇 번이고 제자리로 되돌아가야 한다. 또한 기도문 봉독의 속도를 늦추고 말씀 한 마디 한 마디에 신경을 쏟도록 노력해야 한다.

　그런가 하면 전혀 다른 종류의 체험을 할 수도 있다. 기도 한 구절마다 우리 마음이 달아오름을 느낄 수도 있다. 그럴 때면 생각들이 비교적 쉽게 기도에 머무르게 된다. 어쩌면 이같은 체험을 성당에서 할 수 있으며, 그럴 경우에는 예식이 너무 길다는 생각이 들지 않게 된다.

교부들의 설명에 따르면 타락 이후로 우리의 인간 본성과 생각과 느낌은 우리의 육체와 마찬가지로 아주 쉽게 흐트러지게 되었다. 하지만 기도 중에 성령의 은총을 통하여 우리의 본성은 다시 온전해지게 된다. 사도는 이 점을 이렇게 말하고 있다. "성령께서는 어떻게 기도해야 할지도 모르는 우리를 대신해서 말로 다할 수 없을 만큼 깊이 탄식하시며 하느님께 간구해 주십니다."(로마 8,26)

만일 우리에게 이런 체험이 주어진다면 그것은 하느님께로부터 오는 특별한 선물인 것이다. 이 선물을 오래 간직 할 수 있도록 허락받은 사람들은 매우 적다. 그것은 사라지게 되는데 그래도 그 체험을 통해서 우리는 "주님이 얼마나 선하신지를 알고 맛봄으로써" 우리가 무엇을 향해 노력하고 있으며 올바른 기도가 무엇인지를 깨닫게 된다.

여기에서 기도 중에 느낌이 갖는 역할에 관한 문제가 생긴다. 과연 우리는 기도할 때 거기에 느낌이 함께 할 수 있도록 노력해야 하는가? 사실 느낌 중에서 올바른 것이 있다면 참회감과 자신이 무가치하다는 느낌뿐이다. 시편 51장은 "하느님, 내 제물은 찢어진 마음뿐, 찢어지고 터진 마음을 당신께서 얕보지 아니하시니"라고 노래하고 있다. 우리는 이 시편의 정신으로 우리의 무가치함을 생각하면서 기도를 위해 우리 자신을 준비해야 한다. 그러나 동시에 죄인들에 대한 하느님의 사랑도 기억하지 않으면 안 된다. 우리가 한 쪽에 모셔져 있는 성상 앞에 이 같은 정신으로 설

때 우리는 우리 마음 안에서 성령의 현존을 감지하게 된다. 그리고 이 같은 감각은 우리의 변함없는 동반자가 될 수 있어야 한다.

올바른 영과 미혹의 영

우리가 기도하거나 성서를 봉독할 때 우리 안에 하느님의 현존에 대한 감각이 깨어난다면, 그것은 대단한 은총의 선물이 아닐 수 없다. 하느님에 대한 기억이라고도 불리는 이 감각은 그 후에도 유지될 수 있어야 한다. 이 감각이 남아있는 동안에는 우리가 옳은 것과 그른 것을 쉽게 구분할 수 있으며 시편 작가가 "내 옆에 당신이 계시면 흔들릴 것 없사옵니다"(시편 16,8)고 한 말씀의 진리를 직접 체험할 수 있다. 그리고 우리가 그 감각을 통하여 사도가 "여러분은 …… 하느님의 성령께서 자기 안에 살아 계시다는 것을 모르십니까?"(1고린토 3,16)라고 하신 물음 속에서 일깨워주고자 하는 바를 체험하게 된다고까지 말할 수 있다.

그러나 더욱 귀한 하느님의 선물이 우리에게 주어질수록 우리를 미혹시키고자 애쓰는 우리의 영적 원수 역시 그만큼 가까이 와 있게 된다. 어떤 수도자가 위의 시편을 언급하면서 자기 스승에게 하느님께서 항상 자기 곁에 계시는 것을 목격하노라고 힘주어 말했을 때 스승은 "그보다는 그대가 눈앞에서 자신의 죄를 항상 목격하는 편이 더 낫다"고 했다. 이처럼 우리는 언제나 미혹의 영이 엎드린 채 기도하는 사람에게 덤빌 기회를 노리고 있다는 데 유의해야 한다. 하느님의 현존을 느끼는 감각은 자신의 무가치함과 죄 많음을 느끼는 감각과 더불어 나타날 때만 비로소 올바른 것이 된다. 그것은 이슬 젖은 땅에서 참회의 눈물로 부드러워진 마음에서 피어오르는 가벼운 아침 안개와 같다.

"형제 여러분, 이 말을 잘 들어 두십시오. 살과 피는 하느님 나라를 이어 받을 수 없습니다."(1고린토 15,50) 모든 감각적인 흥분이나 황홀은 설령 기적이 일어나고 표징들이 나타난다고 해도 빛의 천사 흉내를 내는 유혹자의 미혹일 따름이다. 주님의 다음 말씀은 중요한 것이다. "그 날에는 많은 사람이 나를 보고 '주님, 주님! 우리가 주님의 이름으로 예언을 하고 주님의 이름으로 마귀를 쫓아내고 또 주님의 이름으로 많은 기적을 행하지 않았습니까?' 하고 말할 것이다. 그러나 나는 그 때에 분명히 그들에게 '악한 일을 일삼는 사람아, 나에게서 물러가라, 나는 너희를 도무지 알지 못한다' 고 말할 것이다."(마태오 7,22-23)

구약시대에 하느님께서 호렙산에서 엘리야에게 발현하셨을 때 그분은 세찬 바람 속에도, 불길 속에도 계시지 아니하고 단지 조용하고 여린 음성 속에 계셨다.(열왕 상 19,22-23) 하느님의 성령의 활동은 기도하는 이의 마음속에 들리는 조용하고 낮은 음성과 같다. 그리스도께서 당부하고 계신다. "마음이 온유하고 겸손하니 나에게서 배워라."(마태오 11,29)

기도에서 우리가 그리스도를 만나는 것은 그분의 이름으로 기도할 때이다. 우리가 우리의 의식 속으로 기어들려는 온갖 악한 생각들과 환상들을 당장 어떻게 분쇄해야 할지에 관해서는 이미 앞서 이야기하였다 우리는 그리스도이신 '바위'에다 메어 쳐서 분쇄해야 한다. 이 가르침과 관련해서 그간 정교회가 보전해 왔고 근자에 들어와 모든 그리스도교 세계가 특별한 관심을 쏟게 된 초대 그리스도교 신앙의 보화, 즉 '예수 기도'라 불리우는 기도의 전승이 있다.

우리는 기쁨에 넘칠 것이다

그리스도인들이 박해를 하던 시대에 안티오키아의 이그나티오스 주교는 야수들에게 집어던지라는 판결을 받았다. 그는 로마로 가는 동안 서로 다른 회중들 앞으로 일곱 편의 서한을 썼다. 그는 이 서한들에서 그의 다른 이름인 테오포로스에 대해 언급하고 있었는데, 그 의미는 하느님의 사자도 되고 하느님께로부터 난 자도 된다. 전승에 따르면 그는 예수께서 당신의 제자들을 상대로 누가 제일 높은지에 관해 말씀하실 때 그분의 팔에 안겼던 아이였다고 한다.

이그나티오스는 로마에 당도하여 야수들에게 찢겨 죽을 순간이 다가오고 있을 때 병사들로부터 무슨 이유로 쉴 새 없이 예수라는 말만 되풀이하느냐는 질문을 받았다. 그러자 그는 이 말이 자기 심장에 새겨져 있기 때문이라고 답변했다. 전하는 이야기에 따르면 야수들이 그의 몸을 갈기갈기 찢어놓았을 때 한 병사가 칼로 그의 심장을 도려내어 쪼개 보았더니 정말로 예수라는 낱말이 금색으로 새겨져 있었다고 한다.

이런 이야기를 기적으로 받아들여도 좋고 경건한 전설로 받아들여도 상관없다. 어느 경우든 이 이야기와 이그나티오스에게 붙여진 테오포로스라는 그 이름은 '예수의 이름'으로 기도하던 관습이 얼마나 오랜 역사를 지니고 있는가를 말해주고 있다. 예수께서는 고별 설교에서 당신의 이름으로 기도하라고 당부하셨는데, 그 당부 말씀이 초창기부터 지켜졌던 것이다.

신약성서를 보면 예수의 이름이 처음부터 특별한 힘을 발휘했음을 알 수 있다. 베드로가 앉은뱅이를 고쳐주고 나서 "당신은 무슨 권한과 누구의 이름으로 이런 일을 하였소?"라는 질문을 받았을 때 그는 "바로 나자렛 예수 그리스도의 이름에 힘입어 된 것입니다" 하고 답변했다.(사도행전 4,7-10 참조)

예수께서는 이 세상에 남게 된 당신 제자들을 위로하시면서 당신의 이름으로 기도하도록 간절히 당부하셨다.

> "너희가 내 이름으로 구하는 것이면 무엇이든지 이루어 주겠다. 그러면 아들로 말미암아 아버지께서 영광을 받으실 것이다. 너희가 내 이름으로 구하는 것이면 무엇이든지 다 내가 이루어 주겠다. 정말 잘 들어 두어라, 너희가 내 이름으로 아버지께 구하는 것이면 아버지께서 무엇이든지 주실 것이다. 지금까지 너희는 내 이름으로 아무것도 구해 본 적이 없다. 구하여라. 받을 것이다. 너희는 기쁨에 넘칠 것이다."(요한 14,13-16, 23-24)

예수 그리스도 이름으로 기도하는 것은 오늘날에 이르기까지 모든 세대의 기쁨의 원천이 되어 왔다. 이 기도의 전승은 4세기 이래로 특히 은수자들 가운데서, 그리고 수도원들 안에서 보존되어 왔지만 예수의 이름으로 기도 드리는 것은 모든 그리스도인들에게도 대단한 특권이 되는 것이다. 예수 기도 신심이라 불리는 이 기도의 권능을 활용하는 것은 대단히 유익하며, 그로써 우리는 "기쁨에 넘칠 것이다."

예수 기도

예수 기도는 '주 예수 그리스도, 하느님의 아들이시여, 죄인인 나를 불쌍히 여기소서'라고 되어 있다. 보다 간결한 것으로는 '하느님의 아들 예수여, 나를 불쌍히 여기소서'라는 형식도 사용되고 있다.

순교자 이그나티오스 주교는 끊임없이 예수의 이름을 되뇌었다. 이처럼 예수 기도는 계속해서 염하는 데 의미가 있다. 그리고 이렇게 함으로써 "기도하라"(I데살로니카 5,17)던 사도의 직접적인 권고도 실행하게 된다.

그렇다면 어떻게 해야 예수 기도가 끊임없는 기도가 될 수 있는가? 우리는 우선 '주 예수 그리스도 하느님의 아들이시여, 죄인인 나를 불쌍히 여기소서'라는 말을 계속 되풀이하는 데서 출발하면 된다. 우리는 이 말을 큰 소리로 할 수도 있고 거의 들릴듯 말듯하게 할 수도 있고 마음속으로 조용히 할 수도 있다. 하지만 끊임없는 기도가 그다지 쉽지 않다는 것을 체험을 통해 알게 될 것이다. 이 기도는 의식적인 노력으로 실시해야 한다. 하루의 특정한 시간을 예수 기도를 바치는 데 할애할 수도 있다. 우리 자신의 기도 규칙에다 예수 기도를 삽입시켜도 좋다. 예를 들면 우리가 아침기도를 바칠 때 각 기도를 바칠 때마다 그에 앞서 예수 기도를 열 번씩 낭송할 수도 있다. 경우에 따라서는 시작 기도들을 바친 다음 곧이어 5분이나 10분 동안 예수 기도를 계속해도 된다. 우리의 기도 시간이 보통 그 정도는 되기 때문이다. 그리고 저녁때도 같은 방법으로 하면 된다.

하지만 예수 기도는 오로지 정한 시간에만 바치도록 되어있지 않다는 점에서 특별하다. 정교회 기도서를 보면 이렇게 되어 있다. "일하든 쉬든, 집에서든 여행 중이든, 홀로 있든 사람들 가운데 있든, 언제나 어디서나 마음속으로 주 예수 그리스도의 감미로운 이름을 되뇌며 '주 예수 그리스도 하느님의 아들이시여, 죄인인 나를 불쌍히 여기소서'라고 기도하라."

과연 이런 일이 가능하겠는가? 이런 충고를 실제로 따를 만큼 기도에 전념하는 사람이 있겠는가?

이 문제에 대한 해답은 현재 수많은 언어들로 번역 출판되어 있는 책 『이름 없는 순례자』(The Way of a Pilgrim)를 보면 얻을 수 있다. 그러나 예수 기도의 활용 부분은 뒤에서 다루기로 하고 여기서는 이 기도 자체를 좀 더 면밀히 고찰해 보기로 한다.

만일 우리가 예수 기도를 평소의 기도 규칙에 포함시킬 경우 짧은 기간 동안 실시해 보고나면 다른 기도들을 바칠 때보다 이 기도를 바칠 때 훨씬 정신집중이 쉬워진다는 사실을 깨닫게 될 것이다. 바로 이것이 예수 기도와 같은 성격의 짧은 기도들이 갖는 특별한 장점이다. 이런 기도들은 많은 사상들을 담고 있는 기도들에 비해서 정신집중 전도율이 높다. 다른 기도들 사이사이에 예수 기도를 바쳐도 그 기도들을 집중력을 가지고 바치는 데 도움이 된다.

예수 기도는 십자성호와 똑같은 구원의 기본 진리들, 즉 육화와 성삼위에 대한 우리의 신앙을 담고 있기 때문에 완전한 기도라는 말을 듣는다. 우리가 '주 예수 그리스도 하느님의 아들'이라고 할 때 우리는 구세주가 사람의 아들이자 동시에 하느님이심을 인정하게 된다.

예수라는 이름은 그분의 모친께서 인간으로서의 그분에게 붙여준 것인 데 비해서 "주"와 "하느님의 아들"은 예수를 하느님으로 직접적으로 지칭하고 있다. 우리 그리스도교 신앙의 또 다른 기본 진리인 성삼위도 이 기도 속에 포함되어 있다. 예수를 하느님의 아들이라 지칭할 때 비단 하느님 아버지만 연결되는 것이 아니고 성령 또한 연결이 되게 된다. 왜냐하면 사도 바울로의 말대로 "성령의 인도를 받지 않고서는 아무도 '예수는 주님이시다' 하고 고백할 수 없기"(1고린토 12,3) 때문이다.

우리가 예수 기도가 완전하다고 말하는 또 다른 이유는 그리스도교 기도의 두 가지 단면이 모두 그 속에 담겨있기 때문이다. 우리는 "주 예수 그리스도 하느님의 아들이시여"라고 할 때 하느님의 영광과 거룩하심과 사랑을 우러러 보고 있으며, 이어서 "죄인인 나를 불쌍히 여기소서"라고 말할 때 우리 자신의 죄를 감지하면서 참회 중에 우리 스스로를 낮추고 있다. 우리와 하나님 사이의 대비는 "불쌍히 여기소서"라는 말 속에 포함되어 있다. 이 말은 통회에 덧붙여 하느님께서 우리를 받아들여 주신다는 데서 오는 위로도 표현하고 있다. "누가 감히 그들을 단죄할 수 있겠습니까? 예수 그리스도께서 단죄하시겠습니까? 아닙니다. 그분은 우리를 위해서 돌아가셨을 뿐만 아니라 다시 살아나셔서 하느님 오른편에 앉아 우리를 위하여 대신 간구해 주시는 분이십니다."(로마 8,34)

예수 기도는 사도의 이같은 확신을 발산하고 있는 것 같다. 그리고 예수 기도의 핵심인 예수란 이름은 구원력을 가진 이름이다. "그의 이름을 예수라 하여라, 예수는 자기 백성을 죄에서 구원할 것이다."(마태오 1,21)

기도의 실천

수도원과 수녀원에 살고 있는 수사, 수녀들이라면 끊임없이 기도를 바칠 수 있다는 것이 이해가 간다. 그들은 그럴만한 기회가 있고 또 그 목적으로 기도매듭(꼼보스끼니; 예수 기도를 드릴 때 사용되는 것으로서 천주교의 묵주와는 달리 구슬로 되어 있지 않고 매듭을 엮어서 만든 것)을 가지고 다닌다. 하지만 사람들 사이에 살면서 일하러 다니는 일반 그리스도인들이 어떻게 끊임없는 기도를 바칠 수 있다는 말인가?

이 같은 의문은 특히 끊임없는 마음의 기도를 다룬 『이름 없는 순례자』, 『우리 가운데 계시는 그리스도』, 『기도법』[2], 『사로브의 천사 세라핌 성인』[3] 같은 책들에 이미 낯익어 있는 사람들에게는 자연스럽게 떠오르도록 되어 있다. 이 같은 의문을 진지하게 제기하는 이들에게는 다음의 이야기들이 도움이 될 것이다.

우리가 예수 기도를 바칠 시간이나 기회가 없다는 것이 진정 사

---

2) Igumen Charitor of Valamo 著, Farber and Faber, 1966.
3) Valentine Zander 著, 한국정교회출판부, 2007.

실일까?

우리가 하루를 막 시작하면서 세수하고 옷을 입고 식사를 하는 등 습관적으로 하는 일들이 참으로 많다. 이 때가 바로 우리의 머리가 한가해서 이 기도를 되풀이 할 수 있는 시간이다. 우리가 깨어나자마자 우리의 정신을 하느님의 현존을 기억하는 쪽으로 집중하고 마음속으로 "주 예수 그리스도 하느님의 아들이시여, 죄인인 나를 불쌍히 여기소서"를 되풀이하는 것은 정말 중요하다.

가족들과 함께 사는 사람이라도 기도할 생각을 갖고 자기와 다른 가족들에게 필요하고 유익한 말로 대화를 시작하기만 한다면 기도할 기회를 가질 수가 있다.

조간신문, 아침 음악, 라디오, 아침 뉴스 정도라면 각 사람은 이것과 기도 중에서 택일할 것을 고려해 볼 수 있다. 좋은 것이라 할지라도 때로는 더 좋은 것으로 대신하기 위해서라면 희생할 수도 있는 법이다.

일하러 가는 시간이 오래 걸릴 경우도 있다. 그렇다면 가는 길 위에서 예수 기도에 정신을 쏟지 못할 하등의 이유는 없지 않겠는가?

요즈음 우리의 작업은 같은 동작을 되풀이하는 순전히 기계적인 경우가 많다. 그렇다면 우리 손이 작업을 하는 동안 우리의 정신(우리의 생각과 마음)은 예수 그리스도와 어울려 있을 수가 있다. 그리고 이렇게 되면 단조로운 작업도 하느님께로부터 위임받은 일처럼 즐거운 것이 될 수도 있다. 또한 예수 기도를 실천하면 집중력이 향상되기 때문에 기계적인 작업이 제대로 이루어지지 않을까 걱정할 필요가 없게 된다.

  그러나 우리의 작업이 결코 기계적인 것이 아닐 수도 있다. 어쩌면 정말 모든 생각과 신경을 집중시켜야 하는 작업일 수도 있다. 그런 경우에 우리가 어떻게 기도를 할 수 있겠는가? 그런 경우라면 분명히 오랫동안 하느님의 이름을 외우거나 거기에 정신을 집중할 수 없는 노릇이다. 그래도 때때로 그렇게 할 수는 있다. 만일 한 번에 30초씩이라도(이런 정도의 짬은 어떤 작업에 종사하든 스스로 마련할 수가 있다)예수 그리스도의 이름을 암송하는 습관을 들인다면 하느님의 현존에 대한 기억이 우리 영혼 안에 저류(低流)처럼 계속 흐르게 될 것이다.

  비교적 평온한 작업에서는 이것이 가능할 테지만 잡다한 일들이 무수히 벌어지는데다가 그것들을 일일이 기억하고 신경을 쏟아야 할 경우라면 어떻겠는가? 책임감과 굉장히 많은 할 일들과 근심 걱정들이 우리의 정신들을 무겁게 짓누르게 될 것이다. 하지만 이런 것들이 실제로 어디에서 비롯되는 것들인가? 혹시 최소한 부분적이나마 이 모든 할 일들과 걱정근심이 동시에 우리를 공략하는 것처럼 보여 우리가 생각들을 통제하지 못하고 오히려 생각들에 의해 조정당하고 있다는 사실에서 비롯되고 있지는 않은가? 이럴 때 우리가 기도, 특히 예수 기도를 규칙적으로 바친다면 우리는 우리의 정신을 집중시키고 통제하는 법을 배우게 될 것이다. 할 일들과 걱정거리들은 여전히 존속할 테지만 그래도 일들을 한 번에 한 가지씩 처리할 줄 알게 될 것이며 그리하여 우리가 모든 것에 한꺼번에 짓눌림으로써 발생하는, 요즈음 스트레스라 불리는 정신적 고통에서 해방될 수 있을 것이다.

오랫동안 스트레스로 고생해 온 사람이라면 자신의 기본자세를 이런 생활 쪽으로 바꾸는 일은 더더욱 필요하다. 우리는 "사람이 온 세상을 얻는다 해도 제 목숨을 잃으면 무슨 소용이 있겠느냐?"(마태오 16,26)라고 하신 복음 말씀을 기억하는 것이 좋다.

오늘날에는 연금을 받아 생활하는 이들이 많아졌다. 작업에서 벗어나서 흔히 홀로 살고 있는 그들의 입장은 기도를 함양하는 데 이상적이다. 집에 있으면서 마음의 기도를 함양하는데 이상적이다. 집에 있으면서 마음의 기도를 끊임없이 바칠 때 많은 이들이 참된 위안을 얻게 될 것이고 아울러 다른 사람들을 위해서 기도하는 뜻있는 일도 할 수 있게 될 것이다.

명심할 점들

앞에서 『이름 없는 순례자』라는 책을 추천한 이유는 끊임없는 마음의 기도를 실천하는 방법이 여기에 단순명료하게 제시되어 있기 때문이다. 그러나 반드시 알아 두어야할 점은 이 책에 제시된 사례들이 예외적인 경우들로서 우리가 언제고 따라할 수 있는 것들은 못 된다는 점이다. 따라서 독자들이 기도를 바칠 때 공상적인 신비주의에 빠져들거나 단순한 묵상 기교에 젖지 않도록 하기 위해서 그리스도인들이 기도에 관련하여 명심해 두어야 할 몇 가지 점들을 열거해 본다.

- 그대가 기도할 때 그대는 거룩하신 하느님을 직접 만나 뵙게 된다.
- 기도 생활에 성공을 거두려면 그대는 하느님과 그대의 이웃 및 현세의 재물들과 관련해서 그대의 양심을 깨끗하게 가다듬도록 성실히 노력해야 한다.
- 하지만 그대가 그대 자신에 대해 더없이 부당하게 느낄지라

도 기도로 하느님께 다가가려고 조급하게 굴어서는 안 된다. 우리의 죄는 모두 합해서 하느님의 사랑에 비하면 대양의 물 한 방울에 불과한 것이다.

- 기도를 처음 바치는 것과 같은 자세로 매일 겸손하게 기도드리는 일부터 시작하라. 교부들이 말하고 있듯이 기도는 언제나 새롭게 계속해야 되는 것이다.

- 하느님의 현존을 감지하는 데 정신을 쏟되 기도 한 마디 한 마디에 신경을 쓰면서 서두르지 말고 기도를 바쳐라. 그렇게 하지 않으면 그대의 기도는 바람에 날려가고 만다. 생각이 딴 곳으로 흘러가 버렸음을 깨달을 때면 마음 쓰지 말고 다시 기도 말씀 쪽으로 불러들이기만 하라.

- 예수 기도를 되뇌되, 그 때에 느끼는 바에 따라 긴 쪽을 택하거나 짧은 쪽을 택해서 바쳐라. "주 예수 그리스도 하느님의 아들이시여, 죄인인 나를 불쌍히 여기소서" 혹은 "하느님의 아들 예수여, 나를 불쌍히 여기소서."

- 홀로 있을 때 경우에 따라서는 큰 소리로 기도를 바치기도 하고 때로는 마음속으로 조용히 바치기도 하라.

- 기도할 때 미리 속으로 하느님이나 하늘나라 또는 다른 어떤 것을 그려보려고 하지 말라. 교부들에 따르면 상상은 기도에는 적합지 않은 품위 없는 정신 기능이다.

- 기도하는 동안에 불결하거나 독성(瀆聖)적인 생각 또는 영상들이 나타난다고 해도 신경을 쓰지 말라. 그런 것들은 그대에게서 나오는 것이 아니라 악령들에게서 오는 것으로, 그대가 모른 체하

면 사라진다.

- 어떤 특별한 수단을 써서 마음이 있는 자리를 찾아보려고 노력하지 말라. 이런 일은 완전히 독거하며 고요 속에 사는 사람들에게나 맞는 것이다. 그대는 기도 말씀에 주의를 쏟아라. 그러면 때가 되면 그대의 마음이 따라올 것이다.

- 우리는 평생도록 우리를 강요해서 기도하게 만들어야 한다. 그리스도께서 하늘나라를 빼앗으려 한다고 하실 때 지적하신 것이 바로 이 투쟁이다.(마태오 11,12)

- 기도할 때 의식적으로 갖도록 노력할 필요가 있는 감정은 참회와 보잘것없다고 느끼는 감정 외에 아무것도 없다. 그 밖의 감정들은 우리네 겸손의 정도에 따라 하느님이 내리시는 은총의 선물인 것이다.

- 정신집중, 감동, 눈물 같은 기도의 결실들을 신뢰하는 데 있어 신중을 기하도록 하라. 흔히 하느님은 당신의 자비로 처음에는 기도의 감미로움을 맛보게 하시지만 그 후에는 우리를 우리 하는 대로 내버려 두심으로써 우리의 충실을 시험하시고 우리가 당신 은총의 도움을 받지 못하면 어떻게 되는지를 보여주려 하신다.

- 성당에서 예배를 드리는 동안에도 예수 기도를 바칠 수 있으며, 그렇게 할 경우 그대가 보고 듣는 것들은 모두가 그대의 내적 기도라는 불꽃에 끼얹어지는 기름 구실을 한다. 그러나 성찬식에서만은 공동기도의 말씀에 정신을 집중하는 것이 좋다. 교부들에 따르면 가장 훌륭한 하느님과의 친교는 영성체이며, 예수 기도는 그 다음이다.

– 날마다 성서 한 장(章)과 교부들의 저서 한 장을 읽도록 하라. 살아있는 표본이나 길잡이들이 없을 때에는 이러한 독서가 중요한 역할을 한다.

– 적당한 기도 규칙을 마련하고 친한 친구 대하듯 지켜나가라. 그러나 그 규칙에 얽매이지는 않도록 하라.

– 끝으로 이것은 가장 중요한 사항이다. 그대의 마음을 증오와 질투와 단죄하려는 생각들에서 해방시킴으로써 하느님이 그대의 기도를 들으실 수 있게 하라. 모든 이들을 용서하여 하느님이 그대를 용서하며 모든 이들을 불쌍히 여기실 수 있도록 하라. 교부들이 "그대의 이웃이 곧 그대의 구원이다"라고 한 말은 그만한 이유가 있는 것이다.

결론

 소위 말하는 성령 운동이 많이 거론되고 있는 시기에 이 책이 나오게 되었다. 이 운동의 명칭은 그것이 사도시대에 있었던 예언을 하고 이상한 언어로 말하는 등의 특별한 은총의 선물들 즉 카리스마타(Charismata)를 목표하고 있는 데서 비롯된 것이다.
 사람들은 정교회에서도 이에 상응하는 운동이 일어날 수 있는지 여부를 묻곤 한다. 이 질문에 대한 답변은 이제까지 정교회에 관해 앞에서 이야기해 온 모든 것들의 요약이 될 것이다.
 우리는 역사적으로 정교회의 하나뿐이요 유일한 수원(水源)이 그리스도 부활 후 50일 만인 오순절에 있었던 성령강림임을 알고 있다. 2세기 때의 성인 리용의 이레네오 주교는 "교회가 있는 곳에 하느님의 성령이 계시며, 하느님의 성령이 계시는 곳에 교회가 있고 모든 은총이 있다"고 했다. 그리고 그때 이후로도 교회의 본질은 변하지 않았다. 교회는 "내가 아버지께 구하면 다른 협조자를 보내 주셔서 너희와 함께 영원히 할 것이다"(요한 14,16)라고 하신 그리스도의 약속대로 지금도 성령의 교회로 남아 있다. 따라서 교회는 벌써부터 인간들 가운데 하느님의 성령이 내리신 은총의 선물 카리스마(Charisma)가 되고 있는 것이다.

교회는 성령의 교회라고 한다하더라도 교회의 지체들은 어떠한가?

성체성혈 성사의 이야기를 하면서 우리는 리뚜라기아 축제에 교회의 모든 지체들이 공동으로 참여한다는 점을 강조했었다. 우리가 이 문제를 공동 예배라는 관점에서 고찰한 것은 리뚜르기아(성찬예배)라는 이름이 공적 예배를 뜻하기 때문이었다. 그러나 이 동일한 문제를 개별적인 신도의 관점에서 접근하는 것도 가능하다. 교회 지체들이 리뚜라기아에 참여하는 것은 비단 리뚜라기아를 공적 예배로 만들기 위해서뿐 아니라 신도들 모두가 이 전례 예식에 필요한 은총의 선물 즉 카리스마를 부여받았기 때문이기도 하다. 그들은 물과 성령으로 새롭게 태어났을 때 "왕의 사제들"로 임명되어 전례의 의무를 부여받았다.

초대 교회의 작가였던 로마의 히폴리투스는 주교가 새 영세자들에게 안수를 해주고 그들이 합당하게 리뚜라기아 예식에 참여할 수 있도록 성령의 은총을 기원할 때 바치는 기도를 기록으로 남겨 놓았다.

"이 사람들을 성령으로 씻겨 새로 태어나게 하심으로써 죄를 용서받게 하신 우리 주 하느님이시여, 이제 이들에게 주의 은총을 내리시어 이들로 하여금 주의 뜻에 따라 주를 섬길 수 있게 하소서. 주의 성 교회 안에서 주 성부와 성자와 성령께서 이제와 항상 대대로 영광을 받으시나이다. 아멘."

사도 역시 이처럼 성령을 받는 일에 대해 언급하고 있다. "유다인이든 그리스도인이든 종이든 자유인이든 우리 모두 한 성령으로 세례를 받아 한 몸이 되었고 같은 성령을 받아 마셨습니다."(I고린토 12,13)

사도 시대에는 안수가 세례의 일부분이었지만 견진이 곧 이어 항구한 관습으로 정립되어 이미 그 당시부터 알려져 있었던 것이라고 추정할 수 있다. "그리스도를 통하여 여러분과 우리를 굳세게 해주시고 우리에게 기름을 부어 사명을 맡겨주신 분은 하느님이십니다. 하느님께서는 우리를 사랑으로 확인해 주셨고 그것을 보증하는 표로 우리의 마음에 성령을 보내 주셨습니다."(II고린토 1,21-22) 여기에서 인용한 성서 말씀은 견진성사 때 사용하는 "성령께서 주신 선물의 날인입니다"라는 말과 일치되고 있다.

세례를 통해 교회에 입교하는 예식은 세부적인 면에서 성직자가 서품을 받을 때와 동일한 것들을 포함하고 있다. 삭발과 안수, 흰색 예복, 성세 때 '거룩한 식탁' 주위의 행렬들이 그것이다. 이는 세례도 왕의 사제들인 하느님의 백성이 갖는 의무 즉 전례 예식에 대한 의무를 부여해 준다는 뜻한다. 사람이 리뚜르기아(성찬예배) 중에 세례나 견진을 받으면 최초로 거룩한 리뚜르기아에 참여한다는 점도 역시 마찬가지이다.

모든 신도들이 성찬식에 참여하는 것은 주례사제의 참여 못지 않게 필요하다.

교회에 소속된다는 것은 하느님 백성의 일원이 된다는 것을 의미하며 동시에 왕의 사제직 카리스마를 받는다는 것도 의미한다. 그러나 이 카리스마는 각 개인의 개별적인 사제직을 의미하는 것이 아니라 교회 안에서 하느님의 공적 예배에 참여한다는 것을 의미한다.

이처럼 교회의 모든 지체는 보편적인 사제직 카리스마를 부여받고 있으며 따라서 넓은 의미로 은사 받은 사람인 것이다. 물론 그렇다고 해서 교회의 모든 지체들에게 보편적 카리스마가 부여된다고 해서 교회 안에서 특정한 사람들에게만 부여되어 교회의 직분을 수행하게 하는 카리스마들이 존재할 수 없다는 것은 아닙니다.

성체성혈 성사를 다룰 때, 성인(成人) 세례가 점차 줄어들고 있기 때문에 물과 성령을 통한 새로운 탄생에 대한 이해가 결여되게 되었다는 사실을 지적한 바 있다. 이런 점에서 볼 때, 세례의 카리스마와 성령을 인식하도록 만드는 데 목적이 있는, 카리스마 부흥이라 부를 만한 개선책이 요청된다는 것은 사실이다. 그리고 그 목적에 도달하기 위해서는 두 가지가 실현 되어야 한다. 성체성혈 성사에 보다 의식적으로 참여하는 일과 개인의 기도생활을 더욱 심화시키는 일이 그것이다. 성체성혈 성사와 예수 기도는 서로를 보완하며 지원한다.

그렇다면 예언하고, 이상한 언어로 말하고, 병자들을 치유하는 그런 특별한 카리스마들은 정교회 안에 나타날 수 없다는 말인가? 이에 대한 답변에서 우리가 제일 먼저 이야기할 수 있는 것은 교회 역사 전체를 통해서 특별한 은총의 선물들을 지녔던 사람들이 있었으며 그들 가운데 많은 이들이 성인(聖人) 대열에 들기도 했지만 그들 스스로가 이 선물들을 얻고자 한 것이 아니고 지극한 겸손으로 영적 성숙에 도달했을 뿐이었다는 사실이다. 둘째로 과연 우리 시대의 교회에도 사도시대에 현존했던 것과 동일한 은총의 선물들이 필요한가를 자문해 볼 만하다. 교부들의 예언에 따르면 마지막 시대에는 아무런 표징들도 나타나지 않을 것이며 유혹이 너무 강해서 신앙 안에 머무르는 사람은 누구든 표징을 보이고 기적을 행한 이들보다 하늘나라에서 훨씬 더 큰 영광을 차지하게 될 것이라고 했다.

세례의 은총을 자각하는 일과 관련해서 지금까지 이야기해 온 것들은 오늘의 그리스도인들에게는 대단히 난해할 것이다. 시나이의 성 그레고리오스는 이렇게 가르치고 있다.

> "이미 된 그대로의 그대가 되며, 이미 그대의 소유가 된 그분을 찾고, 그대에게 부단히 말씀하고 계시는 그분께 귀를 기울이며, 이미 그대를 소유하신 그분을 소유하라."